魂を揺さぶる
110のことば

空海

宮下 真◉著
名取 芳彦◉監修

永岡書店

はじめに――開かずのドアをひらく珠玉のことば

空海が日本に伝えた密教は、インド仏教史の中で最終段階に成立し、それまでの仏教を網羅した形をとっています。中国にわたってその教えをあまねく吸収し、さらにずばぬけた分析力で再構築し、多くの文書を残したのが空海です。

空海がつづることばは、多種多様な入り口から人々を導きながら、さえぎるもののない大空へと私たちの心を引き上げ、清濁《せいだく》あわせ飲む包容力をそなえた「心の大海原」を私たちに示してくれます。

人生の迷路で開《あ》かずのドアに突き当たってしまっても、鍵さえあれば、その先に広大無辺な心の安らぎが広がっていることを示してくれます。そのドアの鍵にあたるのが、本書におさめられた珠玉《しゅぎょく》のことばといっていいでしょう。

著者である宮下真氏は、拙著『心がすっきりかるくなる般若心経』執筆にあたって、文章表現だけでなく、私の曖昧な仏教知識にまで及ぶ助言をいただいた方です。氏の撰による一一〇の空海のことばと、それを現代に生かす展開をとくとご堪能ください。「空海入門」としても最適な一冊であることを保証します。

元結不動《もっといふどう》 密蔵院《みつぞういん》住職　名取芳彦《なとりほうげん》

第一章　空海で「幸せに気づく」

第二章　空海で「自分を成長させる」

第三章　空海で「心を奮い立たせる」

第四章 空海で「人生を深める」

第五章　空海で「未来に進む」

第一章

空海で「幸せに気づく」

心はもともと静かで澄みきっている

波浪《はろう》の滅生《めっしょう》はただしこれ水なり、
一心《いっしん》は本《もと》より湛然《たんねん》として澄《す》めり。

『秘蔵宝鑰《ひぞうほうやく》』

心に激しい風が吹いても守ってくれるものがある

たとえば山の湖。水面がざわざわ波立ったり、風にあおられて波頭《はとう》が立つことがあっても、水の本質は変わりません。湖の底は清く澄んでおり、水面もいつかは鏡のように静かになります。

一心は本より湛然《たんねん》として澄めり——「表面がいくらざわめこうとも、心の底は静かに清く澄んでいる」と空海は言います。

静かに水をたたえた心を乱し、波立たせたり、濁《にご》していくものはさまざまです。

人間関係や仕事のストレス、お金や名声への欲望、病気や身内の不幸、失恋や嫉《しっ》妬《と》、性の渇望《かつぼう》、生きがいの喪失や将来への漠然とした不安などもそうでしょう。

つまり、この世で生きている私たちに終始つきまとう煩悩《ぼんのう》（人の心身を悩まし、迷わせ、汚すもの。あらゆる妄念《もうねん》や欲望のこと）が心を乱すのです。

けれども空海は言っています。「煩悩の風を払えば静かな湖水のような心を取り戻せる、本来だれもが仏の心を持っているのだから」と。どんなに激しい風が吹いても、心の仏があなたをきっと守ってくれます。

よい成果を生む

今日花が咲くのは過去のおかげと知る

道《い》うことなかれ此《こ》の華《はな》今年開《ひら》くと、
まさに知るべし往歳種因《おうさいしゅいん》を下せることを。

「過因《かいん》の詩」より『拾遺雑集《しゅういざっしゅう》』

日々の行いの積み重ねが結果に反映される

「花が咲いたのを見て、今年ひとりでに咲いたと思ってはいけない。過ぎた日にまかれた種が、今日咲いた花の因《いん》になっていることを知りなさい」――。

空海の漢詩の一節です。花が咲くのは、種がまかれたという過去があって生じたこと。去年あなたがまいた種かもしれないし、遠い昔におばあちゃんがまいた種の子孫なのかもしれない。鳥が落としたフンの中にあった種かもしれません。いずれにしても、花はただ自分の力だけでその日に咲いたのではないのです。

つまりこの詩は、仏教の基本にある「因《いん》と縁《えん》」のことを謳《うた》ったもの。ものごとも心の働きもすべて、因（直接の原因）と縁（間接的な原因となるさまざまな条件）によって果（結果）として生じたものです。花が咲くのは、種がまかれるという「因」と、日当たりや水分を得て、虫にも食われず成長できた「縁」によって生じた結果で、実ったものはまさに因縁によってできた「果実」なのです。

「因果応報《いんがおうほう》」というように、すべてはつながっています。よい結果も悪い結果も、すべては日々の行いの因縁によって生じることを心しておきましょう。

悩むときは分別の世界と別れよう

一心に安住《あんじゅう》して分別《ふんべつ》無《な》し、内風外風《ないふうげふう》吾《わ》が耳を誑《たぶらか》す。
「響《きょう》の喩《ゆ》を詠ず」より『性霊集《しょうりょうしゅう》』

人と自分を「分別」で分けると苦悩が生まれる

原文は空海の漢詩の一節にあります。「一心」とは仏の心、悟りの境地を示し、「内風外風」とは心の内外に絶えず起こる煩悩の声です。

では「分別《ふんべつ》無し」とはなんでしょう。一般には「分別がある」というと、道理や常識をわきまえ、善悪などものごとの判断ができるよい意味で使われます。しかし仏教では「分別」は否定的に用いられ、「煩悩は分別によって生まれる」という考え方をします。分別によって自己中心的な執着が生まれ、私たちに苦悩をもたらすというのです。「あの人ばかりモテる」「お金持ちがうらやましい」「自分は無能だ」「他人とうまく付き合えない」……これらはみんな分別がもたらす苦悩であり、〝わが耳をたぶらかす内風外風〟なのです。

分別は、優劣・苦楽・善悪・幸不幸などに心が分かれてしまった状態で、どちらかに自分をおくことでよけいな執着や嫉妬が生まれてしまうわけです。

いちど心をまっさらにして、この分別をなくしてみましょう。同じ風の音でも、煩悩を離れた心和ます響きに聞こえてきます。

他人と自分の違い

「みんな自分と同じ」と思えば嫉妬もなくなる

嫉妬《しっと》の心は彼我《ひが》より生《しょう》ず。
平等《びょうどう》を得《う》ればすなわち嫉妬を離《はな》る。
『金剛般若波羅蜜経開題《こんごうはんにゃはらみつきょうかいだい》』

この世に生まれた人間同士、合掌すれば一つになる

「彼我《ひが》」とは、他人と自分とを分けること。空海は、「妬《ねた》みは他人と自分を区別するところから生まれる。他人も自分も同じ存在なのだと気づけば、嫉妬や憎悪は生まれない」――と言っています。

「他人は他人、自分は自分」と、いい意味でマイペースなこだわりのない生き方ができればいいのですが、なかなかそうはいかないのが現実です。他人と自分を比較し始めると、嫉妬や憎しみ、自己嫌悪など「分別がもたらす煩悩」がむくむく頭をもたげてきます。そんなときはひとつ、相手を思って合掌してみましょう。

手のひらを合わせる合掌という作法は、右手を仏、左手を自分自身として、仏と一つになることを表しています。挨拶としての合掌は、相手への敬意とともに、「あなた（右手）と私（左手）はいっしょなんですね」という慈悲の心を示すといいます。人としてこの世に生まれ、同じ時代に生き、同じ場所でこうして出会っている……それだけで十分すごいこと。あの人も私も同じ存在、たまたま条件がちょっと違っているだけ。そう気づけば、嫉妬心などすーっと消えていきます。

探しもの

幸せは、あなたの心の内にある

それ仏法《ぶっぽう》遥《はる》かに非《あら》ず。心中《しんちゅう》にして即《すなわ》ち近し。
真如《しんにょ》外《ほか》に非ず。身を棄《す》てて何《いず》くにか求めん。

『般若心経《はんにゃしんぎょう》秘鍵《ひけん》』

求めている大切なものは身近にある

「仏の教えははるか遠くにあるわけじゃない。それは心の中にあって、ごく近いものなのだ。真理は外の世界にあるわけじゃない、自分の身以外のどこに求めようというのか」――空海はそう言っています。

また、こうも言っています。「もし仏の深い意味を知りたいなら、あなたの心の中にその仏はいらっしゃる。答えはすでにあなたの中にあるのだ（もし仏の理趣《りしゅ》を求めば、汝の心中に能覚者《のうかくしゃ》あり、すなわち是《これ》なり）」（最澄《さいちょう》への手紙）。

仏は遠くにあって拝むものでも、外の世界に探しに行くものでもない。それはすでに私たちの心の中にあるのです。

では、この二つの空海のことばの「仏の教え」「仏」という語を「幸せ」と置き換えて読んでみてください。空海は怒ったりしません。仏法を説くことは、人の幸福を説くことなのですから。なくしたと思っているもの、大事な探しものは、ごく身近なところにあり、気づかないだけなのです。幸せは遠い外の世界になどなく、すでにあなたの心の中にあるのです。

生きとし生けるものは
みな父母である

もし恵眼《えげん》をもってこれを観《かん》ずれば、
一切《いっさい》の衆生《しゅじょう》はみな、これわが親なり。
『教王経開題《きょうおうきょうかいだい》』

輪廻というサイクルの中では親子も同然

「仏の眼で世界を観れば、すべての人、すべての生きものが自分の親である」。命のつながりをたどっていけば、生きものはみんな親と同じであり、尊ぶべき存在だと空海は言っています。

仏教に少しふれたことのある人なら素直に頷けるかもしれません。なぜなら私たち世俗の人間（衆生《しゅじょう》）は、生まれては死ぬことをくり返しながら、六道《ろくどう》――地獄《じごく》道《どう》・餓鬼道《がきどう》・畜生道《ちくしょうどう》・修羅道《しゅらどう》・人間道・天道の六つの世界――を転生《てんしょう》しているというのが仏教の考え方です。その「輪廻転生《りんねてんしょう》」のなかで、人や生きものは〝互いに父母となったり子となったり〟しているのです。生前の善行が多ければ人間や天（神々など）に生まれ変わりますが、悪行《あっこう》が多ければ地獄で残酷な罰を受けたり、餓鬼（飢えと欲望の世界）・畜生（愚かな動物の世界）の道が待っています。修羅は「修羅場」ということばがあるように争いの世界です。

地獄も餓鬼も避けたいならいまのうちに善行を積むこと。人を傷つけず、嘘をつかず、だれもが「父母」だと思ってやさしさと寛容をもって接することです。

迷いを断てば世界は変わる

迷えばすなわち濁悪《じょくあく》の処《しょ》、悟《さと》ればすなわち清浄《しょうじょう》の処にして、無染《むぜん》の境《きょう》なり。

『一切経開題《いっさいきょうかいだい》』

欲望を抑えるだけでも心は浄化される

前項でふれた「六道《ろくどう》」は迷いの世界です。仏教的見方をすれば、人間はそのままでは、迷い、苦しみの輪廻《りんね》する六道を脱け出すことはできません。

そして「迷いの中にあるうちは、この世は汚れにまみれた場所であり、悟りに至れば、世界はシミ一つない清浄な場所に変わる、それを『浄土《じょうど》』と呼ぶ」――と空海は言っています。浄土は仏の世界であり、輪廻を離れた永遠の清浄な世界です。

悟りによって仏の世界へ人々を導こうというのが仏教の根本ですから、病気や凶作など、いまよりもっと生きるうえでの「苦」が多かった昔の人々にとって、仏教という救いの教えがどれだけありがたいものだったか想像がつきます。

さて、現代の私たちの心を迷わすものの典型が「欲」です。世間の犯罪を引き起こす要因のほとんどが、お金やセックス、地位や権力への欲望です。適度な欲は人生を豊かにしますが、過剰な欲、歪んだ欲は自分を「濁悪《じょくあく》」に変えてしまいます。

過剰な欲がわいたときは、「迷えば濁悪、悟れば清浄」ということばを思い出し、いちど立ち止まって心を抑えることが大切です。

心はいつも悠々と開《あ》けておく

それこの太虚《たいこ》に過ぎて広大なるものはわが心、
かの法界《ほっかい》を越えて独尊《どくそん》なるものは自仏《じぶつ》なり。
『平城天皇灌頂文《へいぜいてんのうかんじょうもん》』

心を広く持てば受け入れるものも大きい

一般に日本人は、自己評価を低めにする傾向があるといわれています。

一流のアーティストやプロスポーツ選手でも、「自分の実力はまだまだです」など、謙虚に自分を評価するコメントがよく聞かれます。自己アピールが当たり前の欧米人の目には不思議に映るようですが、こうした謙虚さは日本人の美徳の一つといっていいのではないでしょうか。

そんな人々でいっぱいの日本の平安時代、「大空よりもでっかいのがわが心」と堂々と謳《うた》う空海には、いっそ清々《すがすが》しささえ感じます。空海は唐への留学から帰国し、真言宗の開祖として真言密教を広めただけでなく、当時最先端の唐の文化を吸収して持ち帰り、国際的スケールの文化人としても活躍しました。

「かの法界を越えて独尊なるものは自仏なり」とは、「このでっかい心の中にこそ唯一絶対の尊き仏（空海にとっての大日如来《だいにちにょらい》）がいらっしゃるのだ」ということ。

そう思うだけで、広大無辺の心の安らぎがわが身に広がると空海は言っているのです。私たちもせめて心は大空のように悠々と開けておきましょう。

心を洗ってくれる「蓮の花」を見つけよう

蓮《はちす》を観じて自浄《じじょう》を知り、菓《このみ》を見て心徳《しんとく》を覚《さと》る。

『般若心経秘鍵《はんにゃしんぎょうひけん》』

ときには自分の心を見つめ直すこと

「蓮《はす》の花を見ては自分の心が清浄であることを知り、その実を見ては心に徳がそなわっていることを思う」——という空海のことばです。

蓮（蓮華《れんげ》）は、仏教では極楽浄土を象徴する花です。仏そのものの象徴としても大切にされ、お釈迦様の仏像は蓮華をかたどった台座の上に置かれます。

お寺でも池に蓮を浮かべるところは多く、京都なら龍安寺《りょうあんじ》や智積院《ちしゃくいん》、空海ゆかりの東寺《とうじ》などでも見ることができます。蓮はどんなに濁った泥沼に育っても、その花はけっして泥に染まることなく、本来の清浄な姿を見せてくれます。またつぼみのうちから中に実を持っていることから、心には本来徳がそなわり、だれもが仏性《ぶっしょう》（仏となる素質）を持っていることにたとえられます。

心が疲れてしまったり、心がもやもや濁っていると感じたら、お寺に出かけて蓮の花を見てきましょう。仏教とかかわりのない人でも、蓮の花の清浄な美しさを目にすれば、心洗われる思いがするでしょう。花の季節でなければ、本尊の仏像を拝んでくるだけでも心の洗濯になり、明日への元気がわいてきます。

心を映すもの

大事なのは「美しく見る心」

衆生《しゅじょう》の**心**清浄《せいじょう》なるときはすなわち**仏**《ほとけ》を**見**、
もし**心**不浄《ふじょう》なるときはすなわち**仏**を**見**ず。

『弁顕密二教論《べんけんみつにきょうろん》』

不平不満の心が世の中を味けなくする

近年は「仏像ブーム」が続いています。有名な仏像のあるお寺には、中高年層だけでなく若い人たちも大勢足を運ぶようになりました。

仏像は、見る人の心を映すともいいます。悲しみを抱えた心で見れば、菩薩《ぼさつ》像は慈悲そのものの姿に映るでしょう。心おだやかなときに見れば、慈愛の微笑を返してくれそうだし、「心清浄なるとき」は、いっそう美しい姿に見える気がします。

空海は「心不浄なるときはすなわち仏を見ず」と言っています。汚れた心では仏の真の姿さえ見ることができないと。垢《あか》や埃《ほこり》で心のレンズが曇れば、仏像の清らかな姿もただの木のかたまりに見え、自分の心の仏の姿も見えなくなります。

世界が美しく見えるのは「美しいものを美しく見る心」を持っているから。「世の中は汚い、くだらない」と嘆くなら、そう言う自分の心は汚れていないか点検するのが先です。疲れやストレスで周りをよく見る余裕もなくなっていると、世の中はますます味けなく見えるもの。まず疲れを癒やし、汚れたレンズを拭って視界をぱあっと明るくしましょう。

もらった縁を「ありがとう」で生かす

われ諸法《しょほう》を観《み》るに、たとえば幻《げん》のごとし。
すべて是れ衆縁《しゅえん》の合成《ごうじょう》するところなり。
「如幻《にょげん》の喩《ゆ》を詠ず」より『性霊集《しょうりょうしゅう》』

自分を生かしてくれる多くの縁に感謝する

「この世のすべては幻のようなもの。すべては多くの縁によって生じた仮の姿である」――。

「般若心経《はんにゃしんぎょう》」というお経の中に「色即是空《しきそくぜくう》、空即是色《くうそくぜしき》」ということばがあります。

この空海のことばはその「空《くう》」のことを言ったもので、すべてのものに固有の実体はなく、物質も肉体も現象も、すべては「因と縁」(直接の原因と、間接的な原因となるさまざまな条件)で生じたかりそめの姿だということ。野山の自然や人の体もずっと同じ姿をとどめることはなく、条件が変われば姿を変えていきます。

人が生きていくのも同じです。父母、友人、恋人、教師、同僚、顧客、敵や味方、米や野菜を作る人、酒場で隣り合わせた人など、多くの人と無数の「縁」を結びながら、心や体も変化し、何かを得たり、何かを失ったりします。大事なのは、その縁を生かし、思いを実現したり何かを創造したりというプラスの結果に導くこと。

では縁をよい方向へ向かわせるには？　その最も簡単な方法が、常に「ありがとう」「おかげさまで」という感謝の気持ちを忘れないことなのです。

救いの光はだれにでも注がれている

如来《にょらい》は実に平等にして、悲心《ひしん》普《あまね》からずということなし。

『五《ご》部《ぶ》陀《だ》羅《ら》尼《に》問答《もんどう》偈《げ》讃《さん》宗《しゅう》秘論《ひろん》』

自分だけ不運だという思い込みをやめる

この世のすべてに平等に降り注ぐもの、それは太陽の光と仏の慈悲でしょう。信じる宗教の違いによっては、仏を「神」や「イエス」と言い換えても同じかというと、微妙にニュアンスは異なります。一神教の神であれば、それを信仰する人々には平等に恩恵をもたらすでしょう。けれども他の神を信仰する人に対しては何も注がれないのが普通です。いまだに世界でくり返されている戦争や民族の対立は、ほとんどが宗教的対立を原因としていることからもわかります。

しかし如来はまったく平等で「慈悲の心はあまねくすべてにいきわたっている」と空海は言っています。如来とは悟りを得た仏をさしますが、真言密教でいう如来は「大日如来」です。毘盧遮那如来《びるしゃなにょらい》（光り輝き遍《あまね》く照らす仏の意味）ともいい、宇宙の中心にいる最高の仏、あるいは宇宙そのものとして大光明を放ち、すべてのものを照らしているとされます。その救いの光は地球にとっての太陽と同じです。

あなたがもし自分だけ不運が続き、だれにも理解されず、ずっと孤独だと感じていても、その光は必ず届いています。それに気づけば、心の天気も晴れてきます。

まず、人のためを思って動こう

菩薩《ぼさつ》の用心《ようじん》は皆、慈悲《じひ》を以《もっ》て本《もとい》とし、利他《りた》を以て先《せん》とす。

『秘蔵宝鑰《ひぞうほうやく》』

まず他人を思いやる心が幸福につながる

「菩薩の心はすべて慈悲をもって基本とし、まず人のためを先に考える」。

菩薩のような人が増えたら、この世はもっと平和でやさしい世界に変わるでしょう。菩薩とは、悟りを開くための修行をしながら、自分よりも先に人々を「苦」から救おうとする仏のこと。悟りを得た「如来」の一段階前の姿なので、仏像や絵画では悟りの前の釈迦の姿（釈迦族の王子）で描かれ、貴族の服装で首輪や腕輪などのアクセサリーを身につけています。いわゆる観音様も、正しくは観世音《かんぜおん》菩薩という菩薩の仲間です。

空海はこのことばに続けて、「この心がまえをもってとらわれを破り、深い教えへ導かれるなら、そのご利益はとても大きい」と言っています。自己優先の考えを捨て、まず人のための利益を考えて行動する――菩薩のように「利他《りた》」を先とするのはなかなか大変ですが、そう心がけて行動する「菩薩行《ぼさつぎょう》」を行うと、あなた自身にもきっと幸福がやってきます。なぜなら菩薩は悟りに達することを約束されたステージにいます。それに近づければ、悪いことが返ってくることはありません。

いつ動き、いつ跳ぶか
その機を逃さない

聖人《しょうにん》の薬を投ずること機の深浅《じんせん》に随《したが》い、
賢者《けんじゃ》の説黙《せつもく》は時を待ち人を待つ。
『般若心経《はんにゃしんぎょう》秘鍵《ひけん》』

〝機を見て、時を待ち、人を待つ〟判断力をまず磨く

名医が病人に薬を与えるときは、病状をよく診て薬の量や投薬時期を判断し、賢者が説法したり沈黙を守ったりするのは、時機と人に応じて判断するものです。

いい薬だからといってやたらと与えても、かえって重い副作用が出ることがあり、正しい考えだからといって、話すタイミングや相手を選ばなければ、真意は伝わりません。空海のこのことばは、重要な行動は、それを起こすべき機会を正しくとらえることが大事だと言っています。

空海は、その大きな実績や後世作られた伝説から、万能の天才とか超人のように伝えられている部分があります。著作や功績を見れば、類いまれな天才であったことは確かですが、悩んだりもがいたりしながら努力を続けた一人の人間だったこともわかります。空海が人と少し違っていたのは、〝機を見て、時を待ち、人を待つ〟判断力と、「いまだ！」という決断力、そして行動力が人より勝っていたということなのです。天才の頭脳をもらうのは無理でも、幸いにしてこの三つなら私たちでも磨くことができます。それにはまず、本気で人生に取り組むことです。

視界を明るくして、人生の価値を見いだす

心暗きときは、即《すなわ》ち遭《あ》う所悉《ことごと》く禍《か》なり。
眼明《まなこあきら》かなるときは、則《すなわ》ち途《みち》にふれて皆宝《みなたから》なり。
『性霊集《しょうりょうしゅう》』

とらわれを捨てれば、人生には宝がいっぱい

「心暗きとき」とは、いまだ真理に暗く迷いの状態にあること。これを仏教では「無明《むみょう》」といい、苦の根本の原因とします。

「無明のうちは出合うものすべて禍《わざわ》いだが、無明をはなれ悟りにいたれば、出合うものみな宝となる」と空海は言っているのです。

釈迦は、あらゆる苦は無明から生じるとして、「真理を会得して悟りを開くことで無明は破られ、苦しみは消滅する」と説きました。釈迦が最初に説いた四つの真理は「四諦《したい》」と呼ばれ、簡単にまとめれば次のようになります。

「苦諦《くたい》」……人が生きるということの本質は苦である。
「集諦《じったい》」……その苦の原因は人間の執着にある。
「滅諦《めったい》」……この苦を滅した境地が悟りである。
「道諦《どうたい》」……その悟りに到達する方法が仏道である。

とらわれ（執着）を捨てれば無明の闇は明けてきます。まずは心の視界を明るくして、人生に価値（宝）をたくさん見いだすことが大事なのです。

信じて行けば、大きな力が導いてくれる

衆生《しゅじょう》癡暗《ちあん》にして**自**ら**覚**《さと》るに**由**《よ》しなし。
如来加持《にょらいかじ》してその**帰趣**《きしゅ》を**示**したもう。
「念持真言理観啓白文《ねんじしんごんりかんけいはくぶん》」

大事なのは自分を信じ、相手を信じる心

仏道を志すかどうかは別として、「悟り」という苦のない安らかな境地を知りたいと思う人は多いでしょう。

しかし、便利さや快楽ばかり求め、世俗の垢《あか》にまみれた現代の私たちでも悟りを得られるのか、そこは大いに疑問です。おそらく空海の生きた昔にも、「こんな愚かな私でも悟りという救いを得られるのか」と不安を抱いた人は多いでしょう。

空海はそうした不安に答えています。「凡人は愚かで真実に気づかず、自分の力だけで悟ることはできないもの。だからこそ仏が力を貸して悟りにいたる道を示してくれるのだ（如来加持してその帰趣を示したもう）」と。

「加持」とは仏がその不思議な力で人々を守ること。密教では、とくに仏の力と人々の信心が相応じて、一体となることをいいます。

仏教を離れて考えてみても、大事なのはやはり信じる心なのです。仕事でも恋愛でも、自分の人生をよりよくする道を信じていくこと。自分を信じ、仲間を信じ、愛する人を信じる。そうすれば、見えない大きな力が導いてくれます。

あなたを助け、導くもの

心の名医と
よき師を持とう

狂毒《きょうどく》自ら解《と》けず、医王《いおう》よく治《なお》す。
摩尼《まに》自ら宝にあらず、工人《こうじん》よく瑩《みが》く。
『秘蔵宝鑰《ひぞうほうやく》』

よき師や友を得るには周囲との絆を深めること

空海のことばは、「はげしい毒は自分で消すことができない、医王（名医）だけが治療できる。宝珠《ほうじゅ》はもとから宝珠なのではない、工人（職人）が磨くことで宝珠となる」という意味。原文では続けて、「仏をたとえれば、医王であり工人である」として、その徳が限りないことを讃えています。

本来、私たちの人生にも、医王や工人にあたる存在が大切なはずです。深い苦しみにあるときに、適切な助言や思いやりによって改善の道を示してくれる医王、これは親友や師、肉親にあたるでしょう。また、まだ原石のような状態のときに、隠れた才能や素質を見いだし、輝かせてくれる工人、これは師や指導者にあたります。

しかし、最近は人と人の心の結びつきが希薄になってきたといわれ、生涯の友を持つことも、よき師を得ることもむずかしく、肉親でさえ真の理解者とは言いきれない世の中になってきています。時代が生む煩悩いっぱいの社会でこそ、仏の徳をあらためて思い、周囲との心の絆をより深めていく努力が大事だと、空海は言っているのです。

縁を生かせば、人は変われる

物に定まれる性《しょう》なし。人なんぞ常に悪ならん。

『秘蔵宝鑰《ひぞうほうやく》』

小さな縁もプラスに生かして「自分」を変える

水は冷やせば氷になり、熱を加えれば蒸気となります。

たとえばエンピツも、もとからエンピツとして存在したわけではなく、木材でカーボンを固めた芯をはさむという条件が加わってできています。これを火にくべると、ぱちぱち燃えて炭になってしまいます。

簡単に言ってしまえば、仏教でいう「色即是空《しきそくぜくう》」の「空《くう》」とはそういうことです。目に見え、手でさわれる物質にも固有の実体というのはなく、さまざまな条件（＝縁）が重なってそこに存在しています。その条件は常に変化しているので、不変の存在というのはないのです。この「空」をふまえて空海は「物に決まった性質がないように、悪人はずっと悪人のままではいない」と言い、人の体も感情もずっと同じ状態は保てない、「空」を前向きにとらえなさいと励ましています。

人はきっと変われます。何をやってもうまくいかないダメな自分も、ずっとダメなわけじゃない。人との出会いや、かけられた一言、そんな日常の縁に感謝し、「今日はいいことがあった」と少しでもプラスに活かすことで必ず変われるのです。

自分をちゃんと見て目を覚ませ

痛狂《つうきょう》は酔わざるを笑い、酷睡《こくすい》は覚者《かくしゃ》を嘲《あざけ》る。

『般若心経《はんにゃしんぎょう》秘鍵《ひけん》』

一時の快楽に逃げても解決にならない

酔っぱらいはしらふの人を笑い、寝ぼけた人は目覚めている人をばかにする。現実にもありそうな光景です。笑われたりばかにされた側はちょっと腹が立ちますが、相手のようすを見たら、「酔っぱらいじゃしょうがないな」と思ったり、寝ぼけ顔にかえって同情したりするかもしれません。

空海は、煩悩に深くとらわれて迷いの世界から出ようとしない人を、「哀れなるかな哀れなるかな長眠《じょうめん》の子、苦しいかな痛いかな狂酔《きょうすい》の人」と憐れみ、「酔いから目を覚まして心安らかに生きる方法があり、仏がそれを示してくれているのに、けものと変わらないような一生を送ろうというのか、それではなんのために闇からこの世に生まれてきたかわからないではないか」と修行の道へ導きました。

酔っぱらいが人を笑えるのは、自分の情けない姿に気づいていないから。毎日がつらいからといって、一時の快楽に酔ったり、惰眠《だみん》を貪《むさぼ》って過ごしても苦の解決にはなりません。鏡に映すように自分のいまの姿をしっかり見て、ちゃんと目を覚ますこと。それが「苦」を乗り越え、よりよく生きるためのスタートです。

自分の利益と他人の利益

人を救う行いが、自分も救っている

それ釈教《しゃっきょう》は浩汗《こうかん》にして際《さい》なく涯《はて》なし。
一言《いちごん》にしてこれを蔽《おお》えばただ二利《にり》に在り。
『御請来目録《ごしょうらいもくろく》』

自分の幸福も他人の幸福も一つの輪

「仏教は広大無辺な教えですが、一言で述べるなら二利（自利《じり》、利他《りた》）に尽きます」。

空海は、唐留学から帰国した際の報告書でそう書いています。仏教は「自利利他」ということを重視し、自分が修行して悟りを得ること（自利）と、他の人の救済のために尽くすこと（利他）の二つを完全に行うのが理想としています。自利と利他は相反するものではなく、大きな輪のようにつながっているというのです。

宮沢賢治は、「世界がぜんたい幸福にならないうちは、個人の幸福はあり得ない」と言いました。菩薩は、自分が悟りに達する段階まできているのに、まず他人を救うことを優先します。また、ボランティアや介護などの現場で、人を手助けすることで「じつは自分が救われていた」と気づいたという人たちもいます。

幸せというものを考えたくなったら、まず自分にできる「利他」の行いからやってみましょう。電車でお年寄りに席をゆずるなど、身近な当たり前のことからでいいのです。少しでも人の助けになり、あなた自身の心が安らいだとしたら、それが自利利他、本当の幸せのはじまりです。

楽じゃなくても、楽しむことはできるはず

生《しょう》、これ楽にあらず、衆苦《しゅうく》の聚《あつま》るところなり。

『性霊集《しょうりょうしゅう》』

つらいときこそ楽しみ方を工夫する

「人生というのは楽じゃない。そもそもこの世が苦しみで満ちているところなのだから」と空海は言います。

たしかにこの世は「苦」でいっぱいです。仏教でいう「四苦八苦《しくはっく》」とは、「生・老・病・死」の四苦に、「愛する者と別れなければならない苦しみ」「嫌いな人と会わなければならない苦しみ」「求めても得られない苦しみ」「意志や感情、存在自体が思いどおりにならない苦しみ」の四つを加えたもの。いわば生きていくこと自体が「苦」だというのが仏教のもともとの考え方にあるわけです。

これに加えて個々の家庭の事情や、職場での人間関係、容姿の悩みなど、さまざまな問題を抱えることが多いわけですから、生きにくい世の中であるのはたしかです。

しかし楽じゃない人生だからこそ、人は楽しむための工夫をしてきました。歌や踊り、祭り、芸術はその一例です。リリーフ専門だったあるプロ野球の投手は、「ピンチで苦しい場面のときほど、どう抑えてやろうかとワクワクして楽しんだ」と言っています。楽じゃないからこそ「楽しむ」、その工夫こそが大事なのです。

名やお金で得るもの

名声や財産では幸せは手に入らない

衆生《しゅじょう》の解脱《げだつ》せざるは、ただ名利《みょうり》を貪《むさぼ》るによる。

『五《ご》部《ぶ》陀《だ》羅《ら》尼《に》問答《もんどう》偈《げ》讃《さん》宗《しゅう》秘論《ひろん》』

名利ばかり追えば幸せは逃げていく

「衆生が解脱できないのは、名利を貪っているからだ」——名声や利益を求めているうちは仏の世界には到達できない、つまり世俗の欲を捨てないうちは悟れないと空海は言っています。

「名利」とは名聞利養《みょうもんりよう》を略したことばで、名聞は名声が世間に広がること、利養とは利益を得て自らの身を肥やすこと。仏教ではとくにこれを戒めています。ちなみに、茶人・千利休《せんのりきゅう》は禅を学んだことでも知られますが、名は「名利ともに休す」（名も利益も求めない）ということばからつけられたともいいます。

空海のことばは、解脱（悟りを開くこと）という目的を離れても、「名利ばかり追い求めても、けっして幸せなんて手に入らない」という人生訓に通じています。

鎌倉時代末に書かれた吉田兼好《よしだけんこう》の『徒然草《つれづれぐさ》』にもこうあります。

「名利に使はれて、閑《しず》かなる暇《いとま》なく、一生を苦しむこそ愚かなれ」。

名利ばかりを追い求めれば、名利に振り回され、心が休まるときはないのです。そんな愚かな生き方をするより、自分が本当に大切にしたいものを見つけてください。

だれでも心に仏さまを持っている

一心《いっしん》の性《しょう》は仏と異なることなし。

この心に住《じゅう》すればすなわちこれ仏道《ぶつどう》を修《しゅう》す。

「遺誡《ゆいかい》」

仏心も幸福も求めればそこにある

空海のことばは、「私たちの心の本性《ほんしょう》は仏と同じ。本来あるべき心に帰ろうとするのが仏道の修行だ」という意味。

先に紹介した「それ仏法遥かに非ず。心中にして即ち近し」（22ページ）など、「私たちの心の中にこそ仏はいる」という意味のことばを空海はくり返し述べています。

それだけ私たちは、外の世界にばかり目が行きがちなのです。何か大事なものや立派なもの、心を喜ばせてくれるものは、外のまだ知らない世界にある……。ついそう思いがちです。

しかし孔子《こうし》も『論語《ろんご》』にこんなことばを残しています。

「仁《じん》遠からんや。我れ仁を欲すれば、ここに仁至る」。

仁とは、思いやり、いたわりなど人間の根本の愛。「まごころ」といってもいいでしょう。その大事なものは「遠くになどない、自分でそれを求めればここにある」と孔子は言っています。仏も、まごころも、幸せも、同心円で一つのものです。いちばん大事なものは、あなた自身の心にあることを忘れずにいてください。

空海の生い立ち

明星来影す《みょうじょうらいえい》——山岳修行から唐留学へ

親に「貴物《とうともの》」と呼ばれた少年時代

空海は、宝亀五年（七七四）に、讃岐国多度郡《たどのこおり》（香川県善通寺市《ぜんつうじ》あたり）の佐伯家《さえき》三男として生まれました。幼名は「真魚《まお》」といい、母親がインドの聖僧が胎内に入る夢を見て懐妊したことから、将来は仏弟子《ぶつでし》にしようかと両親は早くから考えていたようです。

幼少からずば抜けて聡明だった空海は、両親が「貴物《とうともの》」と呼んだほど大事に育てられ、十五歳の頃からは母方の伯父、阿刀大足《あとのおおたり》のもとで漢学・儒学を学んでいます。十八歳で都の大学に入学。大学は当時唯一の官吏養成機関で、本来は従五位以上という高い身分の者の子弟しか入れないところ。伯父の阿刀氏が伊予親王《いよしんのう》（桓武《かんむ》天皇の皇子）の個人教授をしていた関係から特例で入学が許可されたようです。大学では猛勉強した空海ですが、儒教中心の大学教育ではさらに深い人間の探求はできないと、周囲の猛反対を押し切って大学を中退。四国に帰って、山野を歩き回りながら、本格的に仏道を学び始めます。

過酷な山岳修行の日々

大学を飛び出した十八歳から、最初の著作『三教指帰《さんごうしいき》』を書くまでの細かな足取りは不明ですが、阿波の大瀧嶽《だいりょうだけ》や、当時〝鬼が棲む〟といわれた土佐の室戸崎《むろとざき》、伊予の石鎚山《いしづちやま》などきびしい自然の中で空海は修行を続けていました（この当時空海が修行したといわれる場所の多くは、のちの「四国八十八か所」の遍路コースとなっている）。

空海は大学をやめる前に一人の修行僧と出会い、山岳修行者に伝わる「虚空《こく》蔵求聞持法《ぞうぐもんじほう》」という秘法を教わっています。これはある作法にのっとって虚空蔵菩薩の真言《しんごん》（呪文）を百万遍唱えると、あらゆる経典を記憶し、理解できる神秘の力が得られるというもの。

ある日の夜明け、空海が室戸崎で虚空蔵菩薩の真言を唱えていたとき、明けの明星《みょうじょう》（金星）が光を増しながら空海に急接近し、口の中に飛びこんだといいます。『三教指帰』では「明星来影す《みょうじょうらいえい》」と書かれた部分で、このときのある神秘体験によって、空海は出家の決意をさらに固めたのではないかと言われています。

異例の抜擢で遣唐使の一員に

空海は二十四歳のとき、『三教指帰』を書くことによって出家宣言をしました。その後は仏道を極めるべく南都六宗《なんとろくしゅう》（法相宗《ほっそうしゅう》、律宗《りっしゅう》、華厳宗《けごんしゅう》など奈良で栄えた宗派の総称）をはじめ、仏教のあらゆる教義、経典を学び尽くし、ある日『大日経《だいにちきょう》』という密教の経典に出会うのです。

「これこそ自分が求めていたものではないか」と直観した空海は、密教を本格的に学ぶためには、遣唐使の留学僧として唐へ渡り、梵語《ぼんご》を学び、密教の師僧のもとで教えを受けるしかないと思うようになります。名もない出家僧にすぎなかった空海が、どのようにして遣唐使に抜擢されたのかは不明ですが、当時最新の宗教であった密教を学ぶという情熱と、あらゆるコネと幸運とを利用し、空海は延暦二十三年（八〇四）七月、唐へ出発したのです。

第二章

空海で「自分を成長させる」

努力の先にあるもの

成功への道は「最善」を尽くすこと

まず福智《ふくち》の因《いん》を積んで、
しかるのち、無上《むじょう》の果《か》を感致《かんち》せよ。

『理趣《りしゅ》経《きょう》開題《かいだい》』

より善《よ》き行いが最高の結果を招く

オリンピック水泳競技の金メダリストといえば、北島康介《きたじまこうすけ》選手の名が浮かびますが、その三十年以上前、同じ平泳ぎで金メダルを取った田口信教《たぐちのぶたか》という選手がいました。高校二年で出場したメキシコ五輪では世界新記録を出しながら泳法違反で失格となり、田口選手はその悔しさをバネに四年後のミュンヘン五輪での雪辱《せつじょく》を誓いました。

泳法を改良し、練習法に創意工夫を重ね、考えつくトレーニングはすべてやったと言います。やれることはすべてやり尽くしたあと、彼は一つの悔いも残さないようにほかにできることは何かと考え、町中のゴミを拾ったりそうじしたり、彼なりのよいこと（善行）を心がけたそうです。結果、見事金メダルを取りました。

空海のことばは、「教えを学び善行を重ねることで仏との因を積み、それによって最高の結果を得なさい」という意味。「無上の果」とは悟りの境地です。よい因はよい果を生みます。目標を持ったらそれに向かって最善を尽くし、正しい行いを積むことです。そうすれば天も味方して、きっとよい結果が待っています。

素材が多ければ、味わいも豊かになる

未《いま》だ有《あ》らず、一《いち》味《み》美《び》膳《ぜん》をなし、片《へん》音《おん》妙《みょう》曲《きょく》を調《しら》ぶ者は。

『性《しょう》霊《りょう》集《しゅう》』

おいしい料理もいい人生もさまざまな素材が作る

料理の調味料に塩だけしか使わなかったら、味に深みは出ません。また、ドレミファのドだけ使って、人を感動させる音楽を作るのは不可能に近いでしょう。

空海のことばは「一つの味だけでおいしいごちそうを作るのも、一つの音階だけで名曲を奏でることも困難だ」ということ。一つのことに偏って学ぶだけでは大きな成果は得られない、多分野を幅広く学ぶことが大事だという意味です。

空海は同じ文章で、「真理を求めるには、必ず多数の師のもとで学ぶことだ」とも言っています。「偏《かたよ》るな、幅広く視野を持て」というのは、空海が終世言い続けたことでした。多くの分野で学び、多くの師に教えを受けて、そこから真実をつかめというのです。いくら自分が好きで「これが最高」と思っていても、塩味やドレミのドだけにこだわっていては周囲の理解は得られません。

人を喜ばせる料理はさまざまな食材や味覚の和が作り出し、名曲は音のハーモニーによって生まれます。異なる考え方や価値観もいいものは取り入れ、自分の素材を増やしていくこと。そうすればきっと人生の味わいも深まります。

どこまで行けるか

もっと先へ行ける
という思いを捨てずに

未得《みとく》を得となし、未到《みとう》を到とおもえり。
『三昧耶戒序《さんまやかいじょ》』

自分で限界を決めずに行く

「いまだ何も得ていないのに、得たと思い込み、いまだ目的を達していないのに、達したと思い込む。それが自分をちっぽけなものにしてしまう」——と空海は戒めます。自分を成長させたいなら一生が修行であり勉強です。自分はがんばった、何かをやり遂げたという思いを抱きたいなら、人生は最期までチャレンジです。

三浦雄一郎さんという世界的冒険家がいます。世界七大陸最高峰のスキー滑降という偉業を達成したあと、七十歳でエベレストに初登頂し（当時世界最高齢）、七十五歳で再度エベレスト登頂に成功しています。よほど人並み外れた体力の持ち主なのかと思えば、子どものころから不整脈という心臓の病いを持ち、エベレスト初登頂も心拍数が計測不能になるほどの症状を克服して成功したものでした。

普通なら千メートル級の山歩きでさえやめるところを、三浦さんは「どうしても世界最高峰からの眺めを見たい」と、挑戦をあきらめなかったのです。

得た、達したと自分で決めてしまったらそこで終わりです。もっと先へ、もっと上へという思いをなくさず、歩みは遅くとも一歩一歩進んで行きましょう。

自分のいちばん大事なものを知る

もし本不生際《ほんぷしょうざい》を見る者は、実《じつ》の如《ごと》く自心《じしん》を知る。
実の如く自心を知るは、則《すなわ》ちこれ一切《いっさい》智《ち》智《ち》なり。
『吽字義《うんじぎ》』

大切なものがわかれば見栄や欲などどうでもよくなる

「本不生際《ほんぷしょうざい》」とは、あらゆるものごとが生じる根本を意味します。

原文は、「ものごとの根本を見ることができる人は、ありのままに自分の心を知ることになる。ありのままに自分の心を知るということは、すなわち仏（大日如来《だいにちにょらい》）の智慧《ちえ》を得ることである」――ということ。

自分の心の実体を知ることこそ仏の探求にほかならず、自分の心を真実ありのままに知ることが「悟り」なのだ、と空海は言っているのです。

「自分の本当の心なんて自分でわかっている」と思う人もいるかもしれません。「心をのぞいて仏を探したいとは思わない」という人もいるかもしれません。

しかし空海のいう心とは、喜怒哀楽の心理や、考えたり記憶する心とは違い、生きる意志の根源にあるまごころ、私たちの命の本質のようなものをさしています。「実の如く自心を知る」とは、あなたの最も大事なものを知るということなのです。

本当に大事なものがわかったら、つまらない見栄や欲、他人への嫉妬や苛立ちなどどうでもよくなります。そして毎日をのびのび過ごせるようになります。

実践力をつける

学んだら、生きる知恵として使う

妙薬《みょうやく》函《はこ》に満《み》つれども、嘗《な》めざれば益《えき》無《な》し。
珍衣《ちんい》櫃《ひつ》に満つれども著《き》ざれば則《すなわ》ち寒し。
『性霊集《しょうりょうしゅう》』

実践しなければどんな知識も宝の持ち腐れ

「病気の特効薬がたくさんあっても服用しなければ効果はなく、珍しい着物がたくさんあっても着なければ寒いままです」――。これは最澄《さいちょう》（天台宗の開祖）からの手紙への返書にあることば。最澄と空海はともに遣唐使で唐へ渡って密教を学び、帰国後も互いに敬意を持って手紙のやりとりをしていました。

最澄はたびたび経典の借用を願い出ていましたが、『理趣釈経《りしゅしゃくきょう》』という書物を貸してほしいという依頼に対しては、空海はこの返書で断っています。自分の体を使って修行することもなく、経典から知識や理論だけを得ようとする姿勢を、「貴重な薬も着物も使わなければ何の役にも立ちません。すばらしい教えを知識として得ても、それに基づいて実践しなければ何にもなりません」と批判しているのです。

知っているだけでは知識にはなっても「知恵」にはなりません。たとえば、すばらしい健康法を知っていても、実践して日常に生かさなければ健康は得られません。

明日をよりいい日にするのは、知識を貯めこむことではなく、生きる知恵として日々実践していくことなのです。

迷いの世界にいる自分に気づく

三界《さんがい》の狂人は狂せることを知らず、
四生《ししょう》の盲者は盲《もう》なることを識《さと》らず。

『秘蔵宝鑰《ひぞうほうやく》』

学ぶことで少しでも煩悩から抜け出す

「迷いの世界に狂える人は、自分が狂者であることを知らず、盲目に等しい生きものたちは自分が盲目であることに気づかない」――迷いの世界で悩んでいる人は、自分が狂っていることも視界が暗いことにも気づかない哀れな存在だ、という痛切な空海のことばです。

「三界《さんがい》」とは、仏教で生あるものが流転する世界を「欲界《よくかい》」「色界《しきかい》」「無色界《むしきかい》」の三つに分類したもの。「四生《ししょう》」とは、生きものが生まれてくる姿を「卵生《らんしょう》」「胎生《たいしょう》」「湿生《しっしょう》」「化生《けしょう》」の四種に分けたもの。いずれも煩悩から離れられない衆生が生死流《しょうじる》転《てん》をくり返す世界を示しています。

たしかに、何も学ばず、真実の一つも知らず、知ろうという努力もしないで一生を終わるなら、虫やトカゲと変わりません。人はことばを覚え、会話や文字で意志を伝え、社会の中でさまざまなことを学びます。しかし、利己的でずるがしこく、怠惰な生きものでもあります。もし、そんな自分に気づいたときは、「目を覚ませ、盲者になるな」と叱咤《しった》するこの空海のことばを思い出しましょう。

生の意味を知るために精一杯生きる

生《うま》れ生れ生れ生れて生《しょう》の始めに暗く、
死に死に死に死んで死の終わりに冥《くら》し。
『秘蔵宝鑰《ひぞうほうやく》』

何も学ばなければまた迷いの世界に帰っていくだけ

「何度も何度も生まれていながら生のはじめは暗く、何度も何度も死んでいきながらその終わりは冥《くら》い」――。これは前項の「三界の狂人は狂せることを知らず、四生の盲者は盲なることを識らず」に続くことばです。

悟りによって魂が浄土に安住しない限り、迷いの世界で延々と生死はくり返されます。自分がどこから生まれてきたのかも、死の意味を知ることもできず、闇から生まれ、また闇に帰っていくのです。「いつまで暗闇にいるつもりか、闇から光の世界に生まれてきたのだから、心を仏の光で満たさないでどうするのか。そうでなければ光の世界に生まれてきた意味がない」。そんな空海の強烈な思いが響いてきます。

フランスの画家ポール・ゴーギャンの代表作に、「われわれはどこから来たのかわれわれは何者か　われわれはどこへ行くのか」という題名の絵があります。

これは人間の永遠の問いなのでしょう。私たちはなぜ生まれ、なぜ生きるのか……その答えを見つけようとする行為が世界の真実を学ぶことであり、人間らしさを失わずに「精一杯生きる」ということなのです。

広く学ぶことが自分を成長させる

物の興廃《こうはい》は必ず人に由る。人の昇沈《しょうちん》は定めて道にあり。

『性霊集《しょうりょうしゅう》』

幅広く学ぶことで自分の道が見えてくる

「世の中が良くなるのも悪くなるのも、すべて人による。人の生き方を決めるのは道を求める心である」――。

空海の実績の一つに日本最初の庶民教育学校「綜藝種智院《しゅげいしゅちいん》」を開設したことがあります。平安時代には都に大学、地方に国学があり、貴族も私学を開いていましたが、高級官吏の子弟や貴族以外は学ぶことができませんでした。貧しい庶民の子にも門戸を開き、儒教・道教・仏教を総合的に学べる学校を作るのは空海の長年の夢で、このことばはその開校に寄せた書にあります。綜藝種智院の特色は、「だれもが自由に学びたいものを学べる」「幅広く専門以外のことも学び、視野の広い人物を育てる」「完全給費制とする」という三つ。千二百年も前に教育の機会均等やバランスのよい人材の育成を考えていた空海の先見性には驚くばかりです。

空海は自分の体験により、「広く学ぶことによって自分が進むべき正しい道が見えてくる」ことをだれよりも知っていました。そしていまも「人を成長させるのは学ぶ姿勢である」というメッセージを私たちに送り続けています。

ときには子どもの目で自分を見てみよう

物に善悪あり、人に賢愚《けんぐ》殊《こと》なり。
賢善《けんぜん》の者は希《ま》れに、愚悪《ぐあく》の者は多し。
『秘蔵宝鑰《ひぞうほうやく》』

大人は自分の愚かさに気づいていない

「ものごとには善悪があり、人は賢愚の差がとくにはっきりしている。賢くて善良な人はまれであり、愚かで悪しき人は多い」と空海は言っています。

普通にまじめに生きていれば善人なのでは？　と反発する人もいるかもしれませんが、そう言いきれない大人がたくさんいることもたしかです。

以前、長野県の佐久市で、市内に住む小学生の兄弟二人から「ごみのポイ捨て禁止条例」を作ってほしいという陳情が出され、市議会が全会一致で採択したという新聞記事がありました。二人の兄弟は両親と通学路のごみそうじを続けており、「拾っても拾っても全然減りません」「大人が捨てるごみを子どもが拾うなんて悲しいです」と、議会に訴えたのです。取材を受けた弟の二年生の男の子は、「どうしてへいきですてるのかなあ」と本当に不思議そうな顔をしていました。

きっと子どもたちの目には、愚かな大人の姿がたくさん映っているのです。大人たちが自覚できないのは心のレンズが曇っているから。いつの間にか「愚かで悪しき人」になっていないように、ときどき子どもの目で自分を見てみましょう。

迷ったとき

仏さまならどうするだろう？と考えてみる

わが身はすなわち印《いん》、語《ご》は真言《しんごん》、
心はすなわち本尊《ほんぞん》なりと観ずべし。
『秘蔵記《ひぞうき》』

仏と思えば恥ずかしい生き方はできない

自分の体も発することばも心も、仏と同じなのだと思いなさい――。

自分は仏と同じだと考えることができたら、仏の戒めを守ることができるでしょう。ずるい心がもたげたら、仏さまはこんなことをするはずがないと思いとどめることができるでしょう。仏教では修行中に守るべき「戒《かい》」がいくつかあり、わかりやすい例では以下の「十善戒《じゅうぜんかい》」と呼ばれるものがあります。

不殺生《ふせっしょう》（生きものを殺しません）・不偸盗《ふちゅうとう》（ものを盗みません）・不邪淫《ふじゃいん》（みだらな男女関係を持ちません）・不妄語《ふもうご》（うそいつわりを言いません）・不綺語《ふきご》（たわごとを言いません）・不悪口《ふあっく》（悪いことば遣《づか》いはしません）・不両舌《ふりょうぜつ》（二枚舌を使いません）・不慳貪《ふけんどん》（ものをけちったり貪《むさぼ》りません）・不瞋恚《ふしんに》（怒り憎むことをしません）・不邪見《ふじゃけん》（まちがった考え方をしません）。

これらを守れば、社会の倫理も人間らしい生き方も守ることができます。そしてさまざまな悩みにあたったら「こんなとき、仏さまならどうするだろう」と考えてみるのです。心の中の仏さまが目覚めて、きっといい解決法が浮かんできます。

仏の声を受け止める

花の色も風のにおいも
すべてはメッセージ

五大《ごだい》に皆《みな》響《ひび》き有り、十界《じっかい》に言語《ごんご》を具《ぐ》す。
六塵《ろくじん》悉《ことごと》く文字《もんじ》なり、法身《ほっしん》は是《こ》れ実相《じっそう》なり。
『声字実相義《しょうじじっそうぎ》』

五感で自然の声を聴き感謝する

「自然界の響きは宇宙の声であり、すべて仏のことばである。風も光も緑も水も、すべては仏からのメッセージなのだ」――と空海は言っています。

五大とは「地・水・火・風・空」の自然界をさし、六塵とは「色《しき》・声《しょう》・香《こう》・味《み》・触《しょく》・法《ほう》」という人間が外界から受け取るすべての感覚のこと。

仏の教えは経典の中だけにあるのではなく、私たちを取りまくこの世界すべてにあるのです。葉の色や花の香りも、水の冷たさや夕日の美しさも、仏さまのことばなのです。のちの道元禅師《どうげんぜんじ》（曹洞《そうとう》宗の開祖）は、「峯《みね》の色　谷の響きもみなながらわが釈迦牟尼《しゃかむに》の声とすがたと」と歌に詠み、自然の姿は仏の姿そのものであり、わが身と一体なのだという喜びを表しました。

自然から受け取るものはすべてがメッセージなのです。その声を聴けと空海は言っています。だから五感を鈍らせてはいけないと。どんなに文明が進んでも、自然に敬意を払い、挨拶や慈しみを忘れないことです。緑の美しさに目を向け、風の音に耳をすまし、食事として命をいただくことに今日も感謝しましょう。

人の姿は自分の姿

世の人すべてを
自分の姿だと思う

一切衆生《いっさいしゅじょう》を観《み》ること己身《こしん》のごとし、
故《ゆえ》に敢《あ》えて前人《ぜんにん》を瞋恚《しんい》せず。
『三昧耶戒序《さんまやかいじょ》』

人に怒りをぶつける前に自分を省みる

「比丘《びく》（出家僧）たちよ、すべては燃えている。貪欲《とんよく》の火によって、瞋恚《しんい》の火によって、愚痴《ぐち》の火によって燃えている」という釈迦のことばがあります。

これらの貪欲（貪《むさぼ》り）・瞋恚（怒りや憎しみ）・愚痴（無知）を仏教では「三毒《さんどく》」と呼び、人間の持つ三つの根本煩悩、つまり私たち人間をダメにする三大要因としています。釈迦は、この三毒（貪《とん》・瞋《じん》・痴《ち》）の炎の中から人々を救い出すために悟りを開き、仏教という教えを広めたわけです。

これをふまえ、空海は「世の人すべてを自分の姿だと思って見なさい、そう思えば目の前の人に怒りをぶつけることもなくなる」――と言っています（「衆生」とはこの世に生きるすべての人、広く言えば、生きとし生けるものすべてのこと）。

マナー知らずの若者や自分本位に欲を貪る人を見ると、つい腹が立って怒りの一言もぶつけたくなりますが、そんなときはまずこのことばを思い出し、「三毒から抜け出せない自分も同じだ」「彼らの姿は自分自身なのだ」と反省しましょう。「怒るより自分をまず成長させることだ」と思えるようになります。

口だけでなく、全身全霊で実践する

口に信修《しんじゅ》を唱《とな》うとも心嫌退《こころけんたい》すれば、頭《はじめ》有って尾《おわり》無し。
言って行《ぎょう》ぜざれば信修の如くして信修とするに足らず。
『性霊集《しょうりょうしゅう》』

体丸ごとで実践してこそ本物になる

「信心を示そうと口で祈りを唱えても、心を丸ごと信仰にゆだねていなければにせものだ、口で言うだけで実践が伴わないなら、それはまことの信心でもない」──。

原文は最澄への手紙の中にあり、全身全霊をもって教えを実践しなければ本当の信心にも修行にもならない、と批判をこめた文章になっています。

江戸時代に、五三〇巻におよぶ『群書類従《ぐんしょるいじゅう》』を編纂《へんさん》したことで知られる塙保己一《はなわほきいち》という国学者がいます。七歳で失明し、点字などない時代に、人が音読する書物をすべて暗記して学びながら大学者となった人です。

あるとき塙保己一は官位を得る願をかけて「般若心経」を毎朝百回、計百万遍《ひゃくまんべん》唱えるという行を行いました。百万遍に到る前に願いが叶ったとき、彼は自分一人の利益のための行だったことを反省し、こんどは世の中全体の安楽と文化向上を願って、新たに「般若心経百万遍」の行を始めました。そして彼は不朽の業績を残しました。迷いも理屈もなく、ただひたすら全身全霊で打ち込むこと。人生で大きなことを成すには、信じるものへ魂を丸ごとゆだねる純粋さが必要なのです。

月の光で自分の心を照らし出す

水月の円鏡《えんきょう》はこれ偽《いつわ》れる物なり、身上《しんじょう》の吾我《ごが》もまた非なり。
如如《にょにょ》不動《ふどう》にして人のために説く、兼ねて如来《にょらい》大慈《だいじ》の衣《ころも》を着よ。

「水月《すいげつ》の喩《ゆ》を詠ず」より『性霊集《しょうりょうしゅう》』

慈悲の心を導き入れ、仏と一つになる

水に映る月影は仮のすがた、肉体に宿る自我もまた空《くう》である。
如来は人のために真理を説く、その大いなる慈悲を衣としよう――。

「水月《すいげつ》の喩《ゆ》を詠ず」という詩の一節です。ちなみに、空海は早くから漢詩の才能に優れ、平安時代初期の最高の詩人の一人に数えられています。唐への留学中にもいくつかの詩を詠んでおり、唐の詩人たちはその才能に驚嘆したそうです。

満月の晩、池や沼の水面にはくっきりと月の姿が映ります。水を張った器を置けば、その器の数だけ月の姿も増えていきます。しかし、それらはあくまで仮の姿で、本源（大もと）は天空で輝く月そのものです。

水面の月も私たちの自我も、同じ姿をとどめることはできませんが、月は常に天にあり、清澄な光を地上に注いでいます。「月は如来であり、その光で自分の心を照らすことが、大いなる慈悲を心に導き入れ、仏と一つになることなのだ」。そんな空海の思いは、即身成仏《そくしんじょうぶつ》の道を開く真言密教に結実し、やがて空海自身が「大いなる慈悲の衣」となって多くの人の魂を救ったのです。

受け身なだけでは ことばの真実を見抜けない

実義《じつぎ》を知るをばすなわち真言《しんごん》と名づけ、
根源《こんげん》を知らざるをば妄語《もうご》と名づく。
『声字実相義《しょうじじつそうぎ》』

真実の教えだけが苦を楽に変える

「真実を知ることばをまことのことばといい、根本を知らないことばをいつわりのことばという」。原文ではさらに「いつわりのことばは長夜に苦しみをもたらし、まことのことばは苦しみを抜き、安楽をもたらす」と続いています。

「五大に皆響き有り」と言うように（84ページ）、空海は声、ことば、文字というものを大変重視していました。密教では「三密《さんみつ》」——身密《しんみつ》（坐禅し両手で印を結ぶ）・口密《くみつ》（真言《マントラ》＝呪文を唱える）・意密《いみつ》（瞑想する）——という修行を行いますが、空海はとくに「口密」を重んじて自ら「真言宗《しんごんしゅう》」と名付けたとされています。

真実のことばだけが苦を楽に変える、いつわりのことばは苦悩を深めるだけだと空海は言っています。いまの社会には膨大な量のことばがあふれ、無責任に流されることばも無数にあります。ただ受け身のままでは、そこから真実を見極め、生きる力としていくことはできません。ときに疑問を持ち、反発し、自分で思考し悩みながら、真実かどうかを判断することです。その下地をしっかり作るためにも、多くの本や多くの人から学ぶことが大事なのです。

謙虚になれば、もっと素直に生きられる

末学《まつがく》の凡夫《ぼんぶ》、あながちに胸臆《くおく》に任せて
難思《なんじ》の境界《きょうがい》を判摂《はんせつ》すべからず。
『秘密曼荼羅十住心論《ひみつまんだらじゅうじゅうしんろん》』

知ったつもりをやめて世界を広く深く見る

原文は難解ですが、「深く学んでもいないのに、知ったつもりになって、悟りの世界をどうこう言うことなど許されるものではない」ということ。

凡夫《ぼんぷ》とは煩悩に支配されて生きている人間のことで、世俗にいる人、つまり私たちのこと。私たちは無知の闇に沈んでいる凡夫なのです。

それさえ自覚せずに、世界の真理を知ったような気になっていては、仏に近づくことなどできないということです。

いくら頭をフル回転させているつもりでも、人の脳は全機能の数パーセントしか使われていないそうです。同様に、世の中のことを知ったつもりになっても、世界ははるかに広く奥深いものです。たとえば自分はみんなより美人でモテるとか、一流企業で高い給料をもらっているとか、そんな見栄や驕《おご》りは、無知な凡夫の小さな世界でしか通用しません。広大なこの世界ではどうでもいいことだからです。

世界をもっと広く深く見て、自分はまだ何も知らない凡夫だと謙虚に受け止めましょう。そうすればきっと、いまより素直にのびのび生きていけます。

善悪の判断

自分の利益やご都合ばかり優先しない

凡夫《ぼんぷ》は善悪《ぜんあく》に盲《めし》いて、因果《いんが》有《あ》ることを信ぜず。
ただし眼前《がんぜん》の利《り》のみを見る、何ぞ地獄の火を知らん。

『秘蔵宝鑰《ひぞうほうやく》』

現代人にだって地獄が待っている

「世の凡人は善悪の判断がつかず、そこに因果応報の理《ことわり》があることも知らない。ただ目の前の利益を見ているだけの者に、どうして地獄の恐ろしさがわかろうか」。

原文では、さらに手厳しいことばが続きます。「恥じることもなくさまざまな悪いことをして、そのくせ自我がどうのと主張する。迷いの世界にとらわれて、それで満足している。それでどうして煩悩の鎖から逃れられようか」。

デジタルやらネット全盛の文明社会にも、地獄はきっとあります。善か悪かという人間としての基本の判断ができなくなってしまったら、地獄はあちこちに顔をのぞかせるでしょう。日常でも「眼前の利」しか目に入らない人をよく見かけます。

たとえば、混んだ電車で平気で化粧をしている女性、足の不自由な人が目の前に立っているのに、ゲームに夢中で席をゆずろうとしない若者、横断歩道をゆっくりしか歩けないお年寄りにクラクションを鳴らすドライバー……。自分のご都合ばかり優先している人たちです。これはもう善悪の判断以前の話。自分の利益や都合ばかり考えず、当たり前の気づかいを忘れないようにしましょう。

満ち足りた気分で帰ってもらえる人になろう

若《も》しは尊《そん》、若しは卑《ひ》、虚《むな》しく往《い》きて実《み》ちて帰る。
近きより遠きより、光を尋ねて集会することを得たり。
『性霊集《しょうりょうしゅう》』

光を求めるように慕われた恵果和尚

「身分の高い者も貧しい者も、むなしさを抱えて出かけていき、満ち足りた気持ちで帰った。近い者も遠い者も、その光を求めて集まるようになった」。

これは空海が唐で出会った師・恵果和尚《けいかかしょう》を追悼する碑文にあります。恵果和尚は、空海が日本からやって来ると、その資質をすぐ見抜き、真言密教のすべてを伝授したあと、その年のうちに亡くなっています。生涯の師である恵果和尚がどのような人物だったか、空海は次のように書いています。「貧しい者が来たときはお金や物を惜しまず与え、愚かな者が来たときは仏法をもって諭《さと》しました。財産を蓄えないことを信条とし、仏法を教えることに力を惜しみませんでした」。その徳を慕って、光を求めるように多くの人がやって来たというのです。

三十一歳の無名僧だった空海自身、和尚との出会いによってまさに「虚《むな》しく往《い》きて実《み》ちて帰る」という心境で日本へ帰国したのでしょう。恵果和尚の徳の高さにはおよばなくとも、せめて、自分とひとときを過ごした人が「満ち足りた気持ちで」帰ってもらえるような人を目指しませんか。

一歩踏み出す、あとは信じて進むだけ

迷悟《めいご》われに在《あ》れば、発心《ほっしん》すれば則《すなわ》ち到《いた》る。
明暗《みょうあん》他に非ざれば、信修《しんじゅ》すればたちまちに証す。
『般若心経《はんにゃしんぎょう》秘鍵《ひけん》』

目標が見えたら勇気をもって足を踏み出す

「迷いも悟りも自分の中にあるのだから、仏の修行を決意すれば必ず悟りの境地に達することができる。光（仏）も闇（煩悩）も自分の中以外にはないのだから、仏を信じ修行すればきっと悟りは開く」。

迷いの中にいたままでは真実の教えに気づくことなく終わる。自ら教えを得ようという行動を起こせば、必ず真実が見えてくる——と空海は言っているのです。

これはそのまま、私たちの人生にも当てはめることができます。

「発心《ほっしん》」とは悟りを得ようと決意することで、出家するという意味もあります。つまり、決意と勇気を持って一歩踏み出すことです。

「好きな道を極めたい」「夢を実現したい」というとき、ただそう思っているだけではだめなのです。目標が見えたら、エイッと発心して、これまでとは違う行動を起こすことです。空海は「迷悟己れにあり、執《しゅう》なくして到る」とも言っています。失敗が怖いなどというとらわれを捨て、自分の行く道を信じろ——と。勇気をもって足を踏み出せば、きっと思いはかなうのです。

よこしまな心

「魔」に負けると、大切なものを失う

邪見《じゃけん》を発起《ほっき》すべからず、善根《ぜんごん》を断ずるがゆえに。

『秘密三昧耶仏戒儀《ひみつさんまやぶっかいぎ》』

心を迷わす「魔」や「邪見」をよせつけない

ふと、よこしまな考えを起こすことを「魔がさす」といいます。

周囲から、まじめで信頼できる人物と思われている人が、万引きや横領、痴漢などで捕まったなどという話が後を絶ちません。長年がんばってきた仕事や社会的信頼、またよき夫やよき親として培ってきた世界を、たった一度の過《あやま》ちで失ってしまう例も多いでしょう。しかし、「魔がさした」とか「つい出来心で」というのは、やってしまったことの言い訳にはなりません。

「魔」とは、仏教では欲界を支配する魔王のことで、人の心を惑わし修行のさまたげとなるもの。釈迦は坐禅を組んで修行中、性欲の魔など思念の中に何度も襲ってくる魔王と戦い、ついに打ち勝って悟りを開いたとされています。

原文の「邪見」は、因果応報を理解せず悪いことを平気でする考えのこと。「善根」とはこれまで積んできた善行のことで、「邪見を起こすと、これまでの善行も無駄になるぞ」という意味。「魔」や「邪見」が忍びよったら、このことばを思い出し、サッとふり払う勇気を持つことです。大切なものを失ってからでは遅いのです。

集団生活で守ること

年長者にも、言うべきことは言う

長兄《ちょうけい》は寛仁《かんじん》を以《もっ》て衆《しゅう》を調《ととの》え、幼弟《ようてい》は恭順《きょうじゅん》を以《もっ》て道《みち》を問え。賤貴《せんき》を謂《い》うことを得《え》じ。

『性霊集《しょうりょうしゅう》』

身分や地位の上下を言ってはならない

「先輩は心広く思いやりをもってみんなをまとめ、後輩は恭順の心で正しい道を問え。けっして身分や地位の上下を言ってはならない」。

空海が京都・神護寺《じんごじ》で僧侶をまとめる三役を任命したときの書にあります。現代でもそのまま集団生活の心得として十分使えることばです。空海のもとにはさまざまな宗派の僧が教えを求めにやって来ており、弟子たちも多数いました。彼らが集団生活を始めるときに、よく言い聞かせたことばだったのでしょう。

大事なのは「けっして身分や地位の上下を言ってはならない」の部分です。職場や学校の部活動などで、先輩や年長者はつい先輩風を吹かせたくなり、後輩は威張る先輩の下では理不尽で納得いかないことでも服従したり、かげで悪口を言ったりしがちです。上官には絶対服従の軍隊などは、硬直した上下関係の典型です。

空海は、規律と礼儀を守ったうえで、「互いに身分の上下を言ってはならん、年少者であってもきびしく道を問え」と言っています。同じ目的を持つ組織や集団にとって、この精神こそ忘れてはならないものでしょう。

仕事は調子のいいとき一気にすすめる

文章は興《きょう》に乗じて便《たちま》ち作れ。興なくんば睡《ねむ》るに任せよ。睡れば大いに神《しん》を養う。
『文鏡秘府論《ぶんきょうひふろん》』

ノリが悪いときは寝てしまえ

「文章は興が乗っているときに即座に書け。ノリが悪いときは寝てしまえ。寝ればいいアイデアが生まれる」という空海による文章作法の心得です。「無理して起きていても頭がぼーっとして、いい文章は書けない」とも言っています。

空海は生涯で多くの著書を残し、格調高くリズム感あふれる名文でも知られます。著作の内容も幅広く、『文鏡秘府論《ぶんきょうひふろん》』は当時珍しい文章表現論・文芸論というべきもの。その序文では「仏が人々を救ってくださるのも、君子が人々を救済するのも、根本にことばの教えや立派な文章があるからだ。ことばは人々を導く基点で、文章は教えの本源である。立派な教えが肝心だとすれば、その教えを表すための文章こそ最も大切なものということになる」と、文章の重要性を述べています。

さて私たちの日常でも、さまざまな文章を書く必要に迫られることがあります。そして大事な文書や手紙のときほど、うまく書けずに頭を悩ませるもの。論文や長い報告書、小説などを書こうというときはなおさらでしょう。そんなとき、名文家空海のことばは大いに役立つアドバイスになりそうです。

この世にもらった時間を精一杯活かしきる

それ生《しょう》は吾《わ》が好《この》むにあらず。死はまた人の悪《にく》むなり。

『秘蔵宝鑰《ひぞうほうやく》』

与えられた時間の中でできるだけのことを

「人はだれも望んで生まれてきたのではない。死もまただれもが憎むところである」。死はだれもが恐れる苦です。また、生まれてくる時代や場所も、どんな姿で生まれるかも自分で決めることはできないのだから、生そのものも苦なのです。

続けて空海は、輪廻転生《りんねてんしょう》と生死の無常を切々と述べています。

「それでもなお何度も生まれ変わっては迷いの世界をさまよい、いくたびも死をくり返しては迷いの世界に沈んでいる。私を生んだ父母も生の起源を知らず、自分もまた死の行方を知らない。過去を振り返れば暗くてその初めを見ることはできず、未来をのぞみ見れば果てしなく、その終わりを知ることもできない」。

空海は、密教という新しい悟りのシステムでこの輪廻を断ち切り、生も死もなく自由で安らかな境地へ往こう、と導きました。しかもそれまでの仏教とは違い、その身のまま現世での修行によって悟りは可能なのだと。その「即身成仏《そくしんじょうぶつ》」という空海の考え方は、いまの私たちにとって「この世で与えられた時間の中で自分ができることを精一杯に尽くせ」というメッセージでもあるのです。

唐留学そして帰国

密教のすべてを伝授されて帰国

運命の師・恵果和尚との出会い

出航した四隻のうち、一隻が難破して漂流、一隻が海の藻くずと消えた過酷な航海を経て、空海は遣唐使の一員として唐の都長安《ちょうあん》へ入りました。

長安は当時最先端の国際的文化都市で、インドや西域から来た僧侶、学者も大勢いました。空海は得意の語学力とコミュニケーション能力を生かして彼らと交流し、驚くべき早さで梵語《ぼんご》を習得したようです。

そして青龍寺《せいりゅうじ》という寺院で運命の師・恵果和尚《けいかかしょう》と出会うのです。

恵果は密教の二つの流れである「大日経系《だいにちきょう》」と「金剛頂経系《こんごうちょうきょう》」の両方を継承していた高僧で、弟子は千人を超え、皇帝さえも「国師」と仰ぐ人物でした。空海が初めて訪れると、恵果は「私はあなたが来ることを知って、心待ちにしていた、今日こうして会うことができて大いにうれしい、よく来てくれた」

空海の肖像画（高野山金剛峯寺蔵）

と満面に笑みを浮かべて歓迎したといいます。

さらに恵果は、空海とことばを交わすとその類いまれな資質を見抜いて、「自分は余命いくばくもないが、後継者として法を伝えるべき弟子がいないのだ。必ずすぐ準備して私の弟子となりなさい」と告げたのです。

そして数週ののちに、密教の儀式にのっとって胎蔵界《たいぞうかい》と金剛界《こんごうかい》の両方の灌《かん》頂《じょう》（密教の弟子となる儀式）を受け、そのひと月後には伝法灌頂（阿闍梨《あじゃり》という高位を授かり、弟子をとることができる）を受けて、空海はまったく異例の早さで真言密教の正式な後継者となったのです。

密教の灌頂の儀式では、目隠しをして曼荼羅《まんだら》に向かって花を投げ、曼荼羅に描かれたどの仏と深い縁を結ぶかを決めますが（投華得仏《とうげとくぶつ》）、空海の投げた花は胎蔵界、金剛界のいずれでも大日如来（宇宙の中心にいる最高の仏）の上に落ち、恵果も大いに賛嘆したといいます。

真言宗と密教文化を日本で広める

恵果はまた、空海が日本に帰国してから密教の布教に必要となる法具や法衣、おびただしい数の経典、曼荼羅、仏画、仏像などを宮廷や寺院に出入りする業者に新たに発注し、用意させました。それらはすべて空海への最高の贈り物となり、日本に初めて密教を広めるための宝となりました。

恵果は以前から体の不調を抱えていましたが、空海と出会って半年後、密教のすべてを伝授し終わって安堵したかのように息を引き取っています。

空海は密教を学ぶという目的を果たした以上、唐に残る理由はなく、二十年の留学予定をわずか二年で切り上げ、帰国することを決意します。

そして帰国後、しばしの雌伏《しふく》期間を経て、空海はそれまでの仏教とはまったく異なる教義を持つ真言宗を開き、日本に密教文化を花開かせたのです。

第二章

空海で「心を奮《ふる》い立たせる」

人生の好機

よい星は自分でつかみ
それを逃さない

風燭《ふうしょく》滅《き》え易《やす》く、良辰《りょうじん》遇《あ》い難《がた》し。

『高野雑筆集《こうやざっぴつしゅう》』

チャンスを見逃さないよう感度を高めておく

「百歳まで生きたとしても、やりたいことを全部やる時間はないだろう。急いで生きなきゃ。死はあっという間にやってくるからね」。

映画『理由なき反抗』『ジャイアンツ』などで永遠のスターとなったジェームズ・ディーンが生前に語っていたことばだそうです。

空海は「命は風前のともしびのようにはかなく、よい星に遇《あ》うことはむずかしい」と言っています。命は短く限られ、よい星はめったに来ない、だから星が巡ってきたら逃《のが》してはいけないということ。よい星とは、人生の大きなチャンスや、よき師、生涯の友や伴侶との出会いなど、人の運命を大きく変える契機のことです。

しかし、それに気づく感度が鈍くて、逃したり活かしきれずに終わってしまう人は多いのです。その感度は、人生にどれだけ真剣に取り組むかで変わります。

ジェームズ・ディーンは人気絶頂の二十四歳で亡くなりましたが、つかむべき星をつかんだ人生でした。人の持ち時間は限られ、いつ断ち切られるかもわかりません。「まだ次がある」などと思わず、好機はしっかりとらえ、逃さないことです。

目標から目をそらさず、進むことを楽しむ

仏智《ぶっち》を証《しょう》せんと欲《おも》わば局執《きょくしゅう》すべからず。
一歩して即《すなわ》ち憩《いこ》えば誰か宝城《ほうじょう》を見ん。
『性霊集《しょうりょうしゅう》』

気を抜いてしまうと足が動かなくなる

「真に悟りを得たいと願うなら、自分の浅い考えや知識に固執してはいけない。一歩進むたびに休憩していては、どうして宝城にたどり着くことができようか」――。「宝城」とは悟りの世界をさし、少し進んでは目標に近づいたと気を休めていたのでは、大きな目標に達することなどできない――と言っているのです。

空海自身、人生の半ばまでは休息をとる間もなく、目標に向けてひたすら進み続けた生涯でした。大学をやめて出家すると、手に入る限りの経典を読み、山中を駆け巡って修行し、密教を学ぶためあらゆる障害を乗り越えて唐へ渡りました。

目標に少し近づいたからといって気を抜いて休んでしまうと、その安楽さに負けて「もうこの辺でいいや」と妥協したり、別のものに目が移って目標を見失うかもしれません。山登りでも、途中で休憩を長くとり過ぎると足が重くなり、歩けなくなることもあります。

目標を定めたら途中で気を抜かず、前に進むことを楽しみながら、「絶対にあそこへたどり着く」という気概を持ち続けることです。

奇跡は、強い思いと願いが起こすもの

昇悟《しょうご》の機《き》、仰《あお》がずんばあるべからず。

『性霊集《しょうりょうしゅう》』

邪念のない心で思い続けること

奇跡というのは、神様が気まぐれにプレゼントしてくれるものではなく、人の強い思いや願いがあってこそ起きるものでしょう。

「奇跡の逆転満塁サヨナラホームラン」も、「嵐の海からの奇跡の生還」も、「ここで打ってくれ」「絶対に勝ちたい」「生きていてくれ」「絶対に生きて帰る」という人々の強い思いがあったからこそ起きたことなのです。

何もせず、だれも願ってもいないのに、クジラが空を飛んだり、大金が家の前に落ちてきたりしても、それはミステリーや予想もしない出来事ということ。もし大金が降ってきたら当事者は困ってしまうのが現実でしょう。

空海は、「悟りを開く機会というのは、常に心に願っていなければやってこない」――と言っています。悟りも、純粋な心をもって仏に向き合い、真理とは何か、生きるとは何かと、真摯《しんし》に求め続けていなければ得られないということです。

理性や常識で考えて困難なことは、強い願いがなければ無理や不可能で終わってしまいます。しかし純粋な熱意と願いを持ち続ければ、奇跡は起こりうるのです。

一人の力を無駄にせず心を合わせて「山」を作る

一塵大嶽《いちじんたいがく》を**崇**《たか》くし、**一滴廣海**《いってきこうかい》を**深**くする**所以**《ゆえん》は、**心**を**同**じくし**力**を**勠**《あわ》するが**之**《これ》**致**《いた》すところなり。

『性霊集《しょうりょうしゅう》』

小さな力を軽く見ては何も変わらない

「塵《ちり》が重なって大山《たいざん》を高くし、一滴のしずくが集まって海を深くしたのは、心を一つにして力を合わせたからこそ成し得たこと。大きな事業もそのような協力があってこそ実現するものです」。

これは空海が高野山に仏塔《ぶっとう》を建てるための勧進《かんじん》（金品の寄付）を呼びかけた書に見られます。空海は嵯峨《さが》天皇をはじめ多くの理解者を得ていましたが、台所事情はけっして豊かではなく、米、紙などを送ってくれるようお願いする手紙や、寄進《きしん》に対する礼状がいくつか残されています。この書でも「一銭でも一粒の米でも添えていただければ、仏と縁が結ばれ、功徳《くどく》によって大きな恩恵《おんけい》がもたらされることでしょう」と、辞《じ》を低くして寄進を依頼しています。

私たちは一人の力を軽視しがちです。しかし、たとえば選挙の一票や一人分の署名も、「どうせ何も変わらない」と行動しなければゼロ＝無力ですが、行動さえ起こせばゼロではないのです。一粒の砂や一滴の水も、「心を同じく」する者が力を合わせれば、山となり大海となることを忘れずにいましょう。

実践する、そうすれば楽しさがわかる

法宝《ほうほう》はすなわち難思《なんじ》の功徳《くどく》を具《ぐ》して、
よく持者《じしゃ》をして世出世《せしゅっせ》の楽《らく》を与えしむ。
『教王経《きょうおうきょう》 開題《かいだい》』

身も心も打ち込んでこそ本当の喜びがわかる

「仏の教えはわれわれの思いも及ばぬ功徳《くどく》を持っているので、教えをよく実践する者は必ず楽しみを得ることができる」と空海は言っています。

「世出世《せしゅっせ》」とは、世俗と世俗をはなれた世界。つまり実践者であれば、在家《ざいけ》信者でも出家していても、ふだんの生活でも修行中でも、仏の功徳によって喜びが得られるということです。空海が求めた修行はきびしいものでしたが、その過程でも「楽」や「喜び」が得られるほど仏の功徳は大きいというのです。

『論語《ろんご》』には、「之《これ》を知る者は之を好む者に如《し》かず、之を好む者は之を楽しむ者に如かず」ということばがあります。知っているというだけでは、それを好きな人間にはかなわない、好きというだけでは、それを「実践」し心から楽しんでいる人間にはかなわない――という意味で、「之」に「趣味」や「仕事」を当てはめてみるとよく納得できることばです。

趣味も仕事も、恋愛も、頭で知ろうとせずにまず体で実践してみることです。身も心も打ち込んでこそ、思いがけぬ楽しさや喜びを実感できるようになります。

逃げ場所を作らず、自分で道を切り開く

六塵《ろくじん》は能《よ》く溺《おぼ》るる海、四徳《しとく》は帰《き》するところの峯《みね》なり。
すでに三界《さんがい》の縛《ばく》を知る、なんぞ纓簪《えいしん》を去《す》てざらん
『三教指帰《さんごうしいき》』

本気で人生を変えるなら強い覚悟を持て

「俗世は心を溺《おぼ》らせる海であり、悟りの世界こそ目指すべき高峰《こうほう》だ。すでに三界にとらわれていることに気づけば、どうして名利《みょうり》を求める世間にとどまれるだろうか」。

これは空海二十四歳のときの最初の著書『三教指帰』の巻末の詩にあります。「六塵」はここでは俗世間を、「四徳」は悟りの世界（涅槃《ねはん》）をさしています。「三界」は現世の束縛を意味し、「纓簪《えいしん》」は官吏がかぶる冠の紐《ひも》とかんざしのことで、官位や栄達《えいたつ》の象徴です。空海はこれを捨てると言っています。

つまり空海はこの詩で、「俗世間での出世など望みではない、私は仏法を求め、高い峰を目指す」とみずから出家宣言をしているのです。

『三教指帰』は儒教、道教、仏教の優劣を登場人物の対話形式で論じた戯曲形式の思想書です。自分が学びとった答えを著書にして信念を固め、空海は絶対に後戻りしないという覚悟で仏道に入る決意表明をしたわけです。

逃げ場所を作らず、自力で道を切り開く——。本気で自分の生き方を変えようというなら、こうした覚悟と勇気こそ必要なのです。

過去を否定しない

過去にこだわらず、いまを生きる

それ生《しょう》は我が願うに非《あら》ず、無明《むみょう》の父《ちち》我《われ》を生《しょう》ず。
死は我が欲《おも》うに非ず、因業《いんごう》の鬼《おに》、我を殺す。
『性霊集《しょうりょうしゅう》』

報いを恐れるよりいまを懸命に生きる

「この生は自分で願ったものではなく、無明（苦の根源）を父として生まれてきたもの。死もまた望みではないが、因業《いんごう》の鬼神がやって来て私を殺すのだ」――。

「鬼が我を殺す」という心を刺すような句は、輪廻転生《りんねてんしょう》の世界では、過去の悪業《あくごう》が原因となって必ず死という報いをもたらすということ。

空海は「風に散る木の葉のようにはかない命をたよりに、朝陽に消える露のごとき肉体を養っている……迷いの世界の住人はなんと悲しく、苦しいことか」と嘆いていますが、けっして現世を悲観したり否定はしません。「大いなる仏がこのような人々を観て黙っているわけがない」と言い、前世の因縁によって生死をくり返すなら、いまこの世でともに修行してそれを断ち切ればよいのだ、と人々に希望を与えました。

過去にこだわるな、いまを否定するな、鬼が殺しに来るなら鬼と戦う自分を作ればよい――空海はそう言っているのです。身も心も弱ってしまったときは、「いまを生きよ」という空海の声で、心を奮《ふる》い立たせてください。

道具も自分も、磨く時間を大切に

良工《りょうこう》は先《ま》ずその刀《とう》を利《と》くす、能書《のうしょ》は必ず好筆《こうひつ》を用う。

『性霊集《しょうりょうしゅう》』

やみくもに進むより自分磨きの時間を作る

「よい工人はまずその道具を研《と》ぐ、よい字を書く人は必ずよい筆を使う」——。

空海が、のちに淳和《じゅんな》天皇となる皇太子に筆を一式贈ったときのことばです。

「良工は先ずその刀を利くす」とは、よい職人は道具を大切にし、常に準備を怠らないということ。空海は書の名人で、「弘法、筆を選ばず」ということわざも有名です。しかし、唐で書や筆について学んだ空海は、よい筆を選び、書体や書の主旨に応じて使い分けることが大事であることを、だれよりも知っていました。

道具についてこんなたとえ話があります。力自慢で朝から晩まで斧《おの》を振り続ける木こりと、ときどき上手に休憩を入れては斧を振る木こりがいて、仕事が終わってみると、決まって休憩を入れる木こりのほうが倒した木の数が多いのです。「なぜいつもおまえのほうが多いのか」と力自慢の木こりが聞くと、もう一人は、「わからない、ただ私はときどき斧を研いでから切っているだけだ」と答えます。

この道具を研ぐとは、ときどき足を止めて〝自分を磨き、高める時間〟を持つということ。ただやみくもに進むより、その貴重な時間が成功に導くのです。

世界に無駄なものは一つもない

医王《いおう》の目には途《みち》に触れてみな薬《くすり》なり、
解宝《げほう》の人は鉱石《こうしゃく》を宝と見る。
『般若心経秘鍵《はんにゃしんぎょうひけん》』

無用なものがあるから「有用《ゆうよう》」が成り立っている

「優れた医者の目には、道ばたの雑草も薬草と見え、宝石がわかる人は、ただの石のかたまりにも宝を見いだす」――。

これは、密教を真に理解する者なら、「般若心経」に秘密の教えが隠されていることを読みとることができる、と空海が述べている一節にあります。

「ものごとの本質を見極められる人は、凡人が気づかないところにも大きな価値を見いだす」ということですが、さらに「ものごとがわかっている人には、この世界に無駄なものなど何一つない」という解釈もできます。

人生は一見、無駄やどうでもいいものばかりに囲まれています。でも、その無駄を自分にとって無価値だ、無用だと切り捨ててしまうと、いったい何が残るでしょうか？『荘子《そうじ》』という中国古典には、自分が立っている大地だけが有用だとして、それ以外の大地を削り取ってしまうと、わずかな面積の大地など何の役にも立たないことがわかる、という逸話があります。多くの無駄や無用の上に「有用」が成り立っています。人生に無駄なものなどないと心しておきましょう。

うわべだけの知識

知ったかぶりをやめれば、もっと成長できる

一切世間は但《ただ》しかくの如《ごと》く字相《じそう》をのみ知りて、未《いま》だかつて字義《じぎ》を解《げ》せず。この故《ゆえ》に生死《しょうじ》の人と為《な》す。

『吽字義《うんじぎ》』

形だけを見ずに本質を知ろう

〝あうんの呼吸〟などと使う「阿吽《あうん》」は、吐く息と吸う息のことをいい、神社の狛《こま》犬《いぬ》や寺の山門にある仁王像も、左右一対で「阿吽」と呼びます（口を開けているほうが阿形《あぎょう》、閉じているほうが吽形《うんぎょう》）。

この「阿吽」、もとは梵語《ぼんご》（サンスクリット語）の最初と最後の字で、密教では宇宙の始まりとその帰着する究極の姿を象徴しています。

空海は著書で、阿吽の音や文字そのものに深い意味があり、とくに「吽《うん》」の字は、すべての教えが集約された大日如来の姿そのものだと述べ、「世間の人はみな字の形だけは知っているが、いまだ字の真の意味まで理解したことはない。それゆえ生死にとらわれ、迷うままなのだ」ときびしいことを言っています。

「阿吽」も、辞書を引いたり人から教えられるまでは何のことかわからず、まして密教的にそんな意味があることなど知らなかったという人も多いでしょう。

形やうわべだけ見てわかったつもりになって、その本質まで知ろうとしない。思い当たるところがあれば、空海のことばを戒《いまし》めとして改めていきましょう。

仏はどこにでもいて、救われない人はいない

法身《ほっしん》の三密《さんみつ》は纖芥《せんがい》に入《い》れども迮《せば》からず、
大虚《たいこ》に亙《わた》れども寛《ひろ》からず。
『吽字義《うんじぎ》』

どんな苦しみや悲しみにも必ず出口がある

原文の「法身の三密」とは仏の体、ことば、心（身《しん》・口《く》・意《い》）のこと（93ページ参照）。

空海のことばは、「仏は糸くずのような塵《ちり》の中にも、大宇宙にもいらっしゃる。その居場所はどんなに小さくても困ることはなく、広大でも広すぎて困ったりしない。自由自在に姿を変えてどこにでも存在している」――という意味です。

原文ではさらに、「瓦《かわら》や石ころでも草木でも、人でも天でも鬼や畜生でも、選《よ》り好みせず、あらゆるところに、あまねく仏は存在する」と続き、「仏は万物に対して平等で、どこまでも行き届き、あらゆるものを吸収している。これが〝平等〟ということの本当の意味なのだ」と締めくくっています。

西洋にも「神（真理）は細部に宿る」ということばがありますが、仏教やそこから派生した密教の宇宙観のスケールの大きさにはかないません。

どこにでも仏はいて、あらゆるところで真理を説いている。ならば、あなたの心の中にも必ず仏はいるということです。どんな苦しみや悲しみがあなたを襲っても、きっと救いがあることを信じていてください。

志を曲げなければ、きっと道は開く

もし信修《しんじゅ》すること有らば、男女を論《ろん》ぜず、貴賤《きせん》を簡《えら》ばず、悉《ことごと》く是れその器《き》なり。皆是れその人なり。

『性霊集《しょうりょうしゅう》』

同じ志を持つ者は、男も女もみな平等

いまや女子マラソンはオリンピックでもおなじみの競技になり、各地のマラソン大会にも多くの女性ランナーが出場するようになりました。

しかし、かつては「女性がマラソンをするのは生理的に困難」と言われ、走ることさえ認められていなかったのを知っているでしょうか。

それでも走りたいという女性ランナーは主催者に隠れて参加したそうです。七十年代にはそうした女性たちが増え、徐々に参加が認められるようになり、オリンピックでは一九八四年のロサンゼルス大会から女子マラソンが正式採用されました。

空海は「もし信心し教えを実践するなら、男女の別もなく、身分の上下も関係なく、だれもが仏となる素質を持っている」と言っています。男性だけに仏門が開かれていた当時、こうした考えを述べた例はまれで、「同じ志を持つ者はみな平等だ」という空海の開かれた精神が伝わってきます。

どうしても走りたいという女性ランナーたちが、「女性には無理」という〝常識〟を身をもって覆《くつがえ》したように、志を曲げなければ、いつか道は開くのです。

世の人に尽くすことが、大きな孝行になる

小孝《しょうこう》は力を用い、大孝《だいこう》は匱《とぼ》しからず。

『三教指帰《さんごうしいき》』

志を果たすことが親に報いること

「小さな孝行は身を労して親に仕えること、大きな孝行は世の人を救うため天下に尽くしてやまないこと」——。

空海は、約束された出世の道を捨てて仏門に入りました。固い信念での決断とはいえ、親の大きな期待を裏切ったことを思えば、心が揺れるのは当然です。

育ててくれた父母の恩に報いなければならないのに、何の孝行もできない自分を嘆く文章が『三教指帰』にあります。「親は老いて寿命も近づき、私の出世を待っているのに、しかも二人の兄はすでに亡くなったというのに、頑固な愚か者の自分には恩返しするすべもない。進退きわまっておろおろするばかりだ」。

登場人物に語らせてはいますが、若き空海の心境そのものだったでしょう。

しかしそのあとにこの「小孝は力を用い、大孝は匱しからず」のことばが登場します。自分の身一つあれば親孝行はできるが、大孝は仁徳《じんとく》をもって世の人に尽くすこと。この志を実現することが私の父母への恩返しでもある——。大きな目標に向うときの肝心要《かなめ》は、このように自分を信じ、ブレない心を持つことなのです。

船酔いに耐えてこそ海に強くなる

五戒《ごかい》の小舟、猛浪《もうろう》に漂い、羅刹《らせつ》の津《うみ》にさまようのみ。

『三教指帰《さんごうしいき》』

若き空海も思いっきり苦しんだ

迷い、悩み、苛立ったり苦しんだりしながら青年期を過ごすことは、人を成長させるために必要な関所のようなものかもしれません。

若き日の空海も大いに悩み、苦しんだことが、最初の著作『三教指帰』から読みとれます。「五戒の小舟、猛浪に漂い、羅刹の津にさまよう」とは、まさにその苦悩の日々の表現です。

「五戒《ごかい》（不殺生《ふせっしょう》・不偸盗《ふちゅうとう》・不邪淫《ふじゃいん》・不妄語《ふもうご》・不飲酒《ふおんじゅ》）や十善戒《じゅうぜんかい》（83ページ参照）を守ろうとする自分は、煩悩の波に翻弄される小舟のような存在で、ただ羅刹《らせつ》（悪鬼《あっき》）の海をさまようしかなかった」と言うのです。「猛浪」（猛り狂う波）という語句が、若者特有の欲望や妄想が襲ってくるさまをよく表しています。

天才・超人といわれる空海も、私たちと同じように青春時代に悩み、煩悩の海でもがいた人間だったと知ると、少しほっとするような気がします。いままさに「猛浪」に揺さぶられている人は、空海も苦しんだのだと思って船酔いに耐えてください。そして溺れたり沈没するのはなんとしても避け、強い自分になってください。

八つの正しいルート

両極端は険しい道
真ん中あたりが正しい道

須《すべか》らく六度《ろくど》の筏《いかだ》、纜《ともづな》を漂河《ひょうが》に解き、
八正《はっしょう》の船、棹《さお》を愛波《あいは》に艤《ぎ》して。
『三教指帰《さんごうしいき》』

何が正しいかを常に探りながら生きる

青年期の煩悩がはげしいものだということは、お釈迦様もよく承知していて、最初の説法では次のように説いています。「若者たちよ、二つの極端に近づいてはならない。もろもろの欲望に執着すること（快楽主義）と、みずから苦行を課して欲望を抑えること（禁欲主義）。どちらも聖《せい》にあらず無益《むえき》であるゆえ、私は二つの極端を離れる『中道《ちゅうどう》』を悟った」。そして示されたのが次の「八正道《はっしょうどう》」です。

正見《しょうけん》（正しくものごとを見る）、正思惟《しょうしい》（正しい考え方をする）、正語《しょうご》（正しいことばを使う）、正業《しょうごう》（正しい行いをする）、正命《しょうみょう》（正しい生活をする）、正精進《しょうしょうじん》（正しく励む）、正念《しょうねん》（正しい信念を持つ）、正定《しょうじょう》（正しく落ち着いた心を持つ）。

この〝正しい〟の基準は絶対の真理にしたがうということです。

空海のことばの「八正の船」は八正道をさし、意味は「彼岸へ渡る筏のともづなを解き、八正の船を迷いの河へ漕ぎ出して、悟りの岸に達しよう」。八正道とはつまるところ、ものごとをよく観察し、何が正しく何が真理かを見極めながら正しく生きることです。苦悩の海を乗り切るには、これが最も確実なルートなのです。

理想をかざすより思いやりが第一

然《しか》れども猶《なお》、義《ぎ》を守る者は受けず。
道に順《したが》う者は正諫《しょうかん》するのみ。

『高野雑筆集《こうやざっぴつしゅう》』

正しい道や理想を人に押しつけない

官吏をしている知人から、周囲の不正を憂い、どう対処すべきかを相談する手紙がきて、空海は「正義を守ろうとする者は金品を受けず、道を守ろうとする者は相手がだれであろうと正しく諫《いさ》めるほかはありません」――と返書に書いています。

原文に「しかれどもなお」とあるのは、この前置きに「昔もいまも、かつて清廉《せいれん》潔白《けっぱく》の身で財を築いた者はなく、是非善悪《ぜひぜんあく》を忠告し主君を諫めた人で、出世した者はおりません」――と述べているため。それでもなお義を守り、正しい道を通すべきだと言っているわけです。しかし空海は正論を言うだけで終わっていません。

相手の身を案じて、今後とるべき道をいくつか示し（才気を隠し世俗の水に交わるか、諫言《かんげん》の効果なく敵を作るだけなら官吏を辞めるか、病気を理由に地方への異動を求めるか）、「よく熟考のうえ行動されますように」と締めくくっており、一通の返書がまるで人生相談の見事な回答のようになっています。

空海ははるか高みにいる聖人ではなく、現実をよく見る目を持っていました。理想だけを伝えるのがベストではなく、相手への思いやりこそ第一なのです。

人生の目標を立てれば妄想は治まっていく

凡夫《ぼんぶ》狂酔《きょうすい》して吾が非を悟《さと》らず。
ただし婬色《いんじき》を念じること彼《か》の羝羊《ていよう》の如し。
『秘蔵宝鑰《ひぞうほうやく》』

欲望を理性で抑えなくては動物と一緒

『秘蔵宝鑰《ひぞうほうやく》』という書物は、空海の密教思想を集大成した渾身《こんしん》の著書『秘密曼荼羅《ひみつまんだら》十住心論《じゅうじゅうしんろん》』を要約したもの。人間の精神の発達段階（住心）を十段階に分け、各宗教・宗派をランク付けしながら論じたもので、空海の思想哲学を知るうえで最も重要な著作といわれています。

原文はその十段階のうちの第一住心、つまり最も下位の精神段階である「異生羝羊心《いしょうていようしん》」を説明したことば。「愚か者は無知の世界に酔いしれ、愚かさに気づかない。ただ性欲と食欲を満たすのに夢中なのは牡羊《おひつじ》と変わらない」と容赦なく批判しています。本能のままに性を貪り、空腹を満たすためなら何でもやるようでは動物と同じです。さすがに現代にけもののような人間はいないかと思えば、性欲を満たすため罪を犯す者や、食い扶持《ぶち》のために金品を盗む者はいまだに減りません。

犯罪は別としても、もしセックスに溺れたり、妄想や欲望で頭がいっぱいの毎日を送っているとしたら、何か別の目標を立てて早く生活を変えることです。放っておくと「吾が非を悟らず」の牡羊にどんどん近づいてしまいます。

苦しいときこそ
正しい道を行け

抜苦《ばっく》の術《じゅつ》は正行《しょうぎょう》にあらざれば得《え》ず。

『平城《へいぜい》天皇《てんのう》灌頂《かんじょう》文《もん》』

正しいことを正しい方法で続ける

「苦しみから脱する方法は、正しい修行以外にない」と空海は言っています。

仕事でも芸事やスポーツの練習でも、つらく苦しい状況が続くと、つい逃げ道を探してしまいがちです。責任を人に押しつけたり、手抜きをしたりサボったり……。

しかし、そうして脇道に逃げようとすると、大きなミスをしたり、ケガをしたり、信用を失ってしまったりと、だいたいいい結果は待っていません。

世界最高の料理人といわれ、三つ星シェフの代名詞でもあったジョエル・ロブションという人が、日本の料理学校で講演をしたときのこんな話があります。

ある生徒が「あなたのようにすばらしい料理を作れるようになるには、どうすればいいのか」と質問しました。ロブション氏は、「いちばん大事なのは仕事を正確にこなしていくこと」と答えました。「目の前の仕事を正しいやり方で毎日毎日誠実にやり続けること。そうすれば苦しい状況がきても乗り越えられ、いつかあなたにしか出来ないすばらしい料理が作れるようになる」と。苦しいときこそ、正しい道を貫くことです。それが次の大きなステップにつながっていきます。

曲がった個性も生かし、互いを尊重し合う

良工《りょうこう》が材を用いる、その木を屈せずして廈《か》を構《かま》う。
聖君《せいくん》の人を使う、その性《せい》を奪わずして所を得しむ。
『性霊集《しょうりょうしゅう》』

個性を生かしてこそ大きな和が生まれる

優れた宮大工《みやだいく》というのは、樹齢千年の木を使えば千年もつ寺社を建てるそうです。木の持つ個性や育ち方を見極め、クセや特徴に合わせた使い方をするからです。「その木を屈せずして廈を構う」とは、それぞれの木の個性を生かしながら、まさに「適材適所」によって大きな家（廈《か》）を建てるということ。

同じように、「よき指導者が人を用いるときは、個性を奪うことなく、能力や性格に応じた最適な持ち場を与える」と空海は言っています。

企業や組織でも、野球やサッカーなどの競技でも同じでしょう。原文の「聖君」をリーダーや監督と置きかえてみれば、そのまま人材活用や指導者の心得として使えます。人それぞれ個性や能力の違いがあり、先頭に立って仲間を引っぱるのに適した人もいれば、地味な役割を淡々とこなすのが向いている人もいます。

それぞれの個性を互いに生かし尊重し合うことで、人はいきいきと力を発揮し、組織にも「和」が生まれます。その「和」が、バラバラの個人の力ではできない大きな結果を生むのです。

心から心へ伝えてこそ本当の価値がわかる

文《もん》は是《こ》れ糟粕《そうはく》、文は是れ瓦礫《がれき》なり。
糟粕瓦礫を受くれば則《すなわ》ち粋実《すいじつ》至実《しじつ》を失う。
『性霊集《しょうりょうしゅう》』

大事なことは正しい方法でしか伝わらない

「文章というのは残りかすや瓦礫のようなものだ。文献だけで学ぼうとすれば、最も大事な本質を失うことになってしまう」――。

これは先にも取り上げた、最澄が経典（『理趣釈経《りしゅしゃっきょう》』）を貸してくれるよう依頼してきた手紙への返書にあります。

四書五経《ししょごきょう》（中国の古典）をはじめ、膨大な数の経典や文献で学んだ空海ほど、書物のありがたさを知る者はいないでしょう。それでもあえて「文章など残りかすだ、ガラクタだ」という言い方をしたのは理由があります。

空海は、正しい方法によって教えを伝えないのは仏を欺《あざむ》く行為だとし、「密教の奥義は秘密の教えであり、文字で伝えるという方法をとりません。師から弟子へ、心をもって心に伝えるものなのです」と書いています。そして「真を捨てて偽《ぎ》を拾うのは愚か者のやり方です」と、きびしい一言も加えています。

すばらしい教えも、あやまった方法で学んではその真髄にふれることができません。本当に大事なことは心から心へ伝えてこそ、その価値が伝わるのです。

KUKAI コラム -3
マルチな才能と功績

空海は万能型の天才だった

その多才ぶりはダ・ヴィンチ並み

空海は密教を日本に広めただけでなく、幅広い分野で才能を発揮しました。ざっと並べるだけでも、語学、書、文芸（小説、詩）、外交、土木技術、建築などのほか、革新的な教育者としての面も持ち、水銀などの鉱脈を見つける能力も持っていたと言われています。作家の武者小路実篤《むしゃのこうじさねあつ》は、「空海は精神界における世界的万能選手」と評し、その多才ぶりはダ・ヴィンチやゲーテにも比肩するのではないかと言っています。

語学については、少年の頃から漢学に親しんだとはいえ、唐へ入国後、通訳なしでさまざまな人と交流し、役人向けの手紙の代筆も再三引き受けています。同じ遣唐使として唐へ入った最澄《さいちょう》らは、もちろん通訳付きで行動していました。

また古代インドのことばである梵語《ぼんご》（サンスクリット語）を長安滞在中のわ

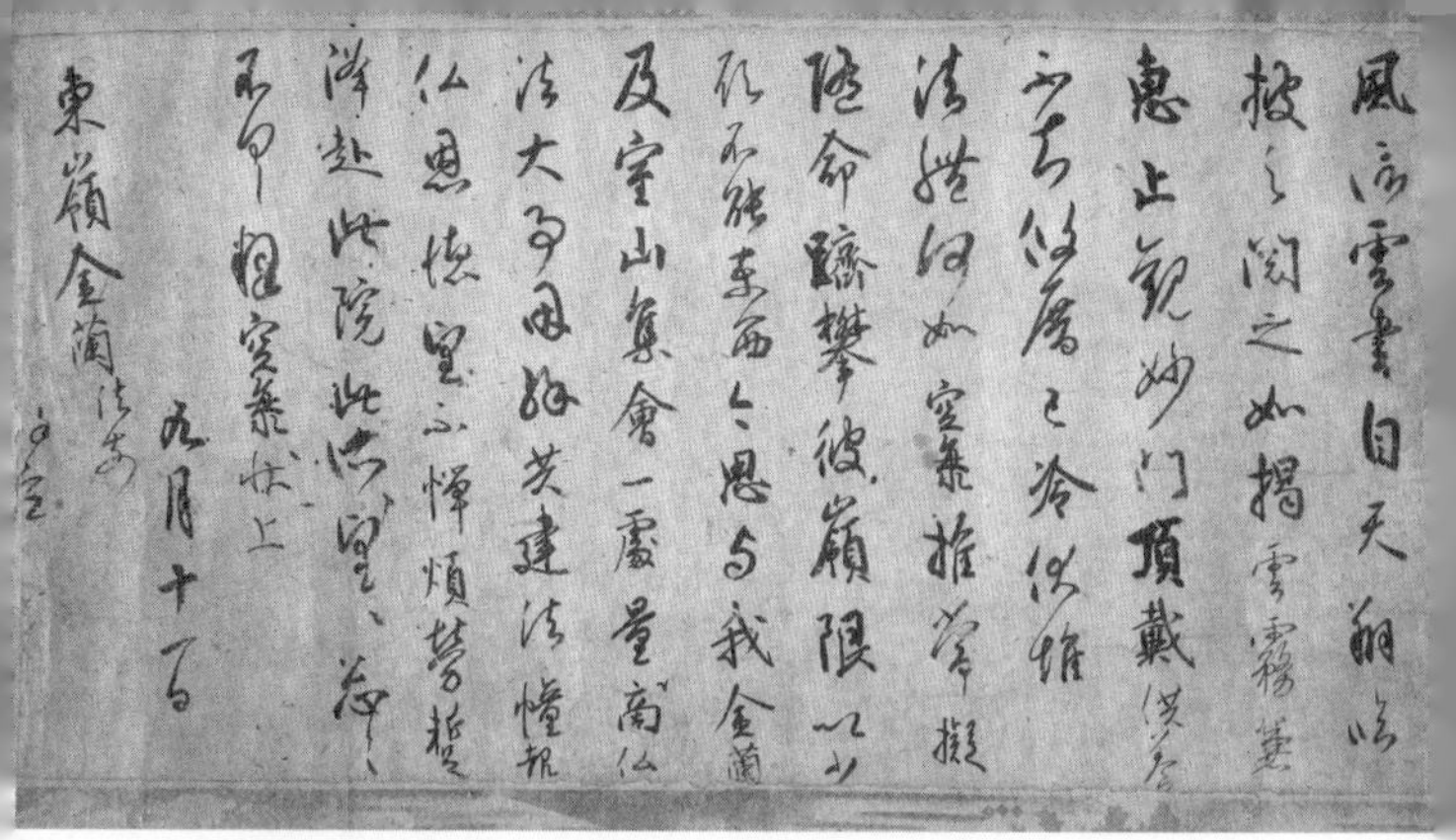

空海が最澄へ送った手紙「風信帖」（国宝・東寺蔵）

ずか数か月でマスターし、これによって短期間で恵果和尚《けいかかしょう》から密教を伝授されることが可能になったのです。

書も漢詩も超一流

書については、現在の日本の書風は空海が原点とも言われ、若き日の堂々たる筆致が見られる『聾瞽指帰《ろうこしいき》』や「風信帖《ふうしんじょう》」（写真）はいずれも日本書道史上の至宝となっています。

空海は〝書聖〟と呼ばれる王羲之《おうぎし》や顔真卿《がんしんけい》など中国の書を学んでおり、唐では五つの書体を自在にこなすことから「五筆和尚《ごひつおしょう》」として有名になりました。のちに空海とともに「三筆《さんぴつ》」と称される嵯峨《さが》天皇、橘逸勢《たちばなのはやなり》も、もともとの手本としたのは空海で、それだけ空海の書は人々を魅了したのです。
漢詩の才能についても本文でもふれましたが、唐の詩人や知識人を驚嘆させたほか、友人でもあった良相公《りょうしょうこう》や嵯峨《さが》天皇などへ贈った詩にも非常にいいものがあります。空海は平安時代を代表する偉大な詩人でもあったのです。

マルチ文化人だった空海

土木技術というのは、空海が故郷讃岐の満濃池《まんのういけ》というため池の治水工事を指導したことをさしています。これは周囲二十一キロという日本最大級のため池で、大雨が降るたびに決壊して周囲に大被害を出していました。空海は水圧を分散させるアーチ構造の堤防を導入するなど、画期的な技術で工事を完成させ、現在も満濃池は満々と水をたたえて当地に残っています。

教育では、日本初の庶民教育学校「綜藝種智院《しゅげいしゅちいん》」を開設し、身分を問わず子弟を受け入れ、授業料も教材費も無料という画期的な教育事業を行っています。

ほかにも多才ぶりや功績をあげればキリがないほど。空海は宗教家・思想家でありながらマルチ文化人でもあり、日本の歴史上希有《けう》な人物だったのです。

第四章

空海で「人生を深める」

迷うより自然の理《ことわり》に身をまかせる

高山に風起《た》ち易《やす》く、深海に水量《はか》り難《がた》し。

「遊山慕仙《ゆうさんぼせん》の詩」より『性霊集《しょうりょうしゅう》』

欲張ってジタバタするより道理にしたがう

〝経営の神様〟と呼ばれた松下幸之助氏は、「人間の力はせいぜい十パーセント、あとは天地自然の理《ことわり》にしたがうこと」と言っていたそうです。

天地自然の理とは、宇宙の法則、ものごとの道理ということ。それに逆らうことなく、流れと一体になることが成功のコツだというのです。

鳥が風を切って飛べるのも、魚が水の中で暮らすのも自然の理。人の力で自然の理を変えることなどできず、逆らおうとしても無理が生じるだけです。

「高山に風起ち易く、深海に水量り難し」は、悟《さと》りの高みに達したかと思えば、煩《ぼん》悩《のう》の風は起きやすく、悟りの海がどれだけ深いのか想像さえつかない――という詩の一節。原文は「宇宙の果てや悟りの境界がどこなのか、人の考えなどおよばず、ただ永遠の真理である仏だけがご存じなのだ」と続いています。

悩んでも答えが出ないときは自然の理にまかせましょう。企業経営でも個人の生き方でも、もっと何かできないかとジタバタするより、天地自然の理にしたがい、あとの十パーセントでできることを精一杯努めればいいのです。

いま大事なこと

心に向き合い、いまやるべきことをやる

孤雲《こうん》定《さだ》まれる処《ところ》無《な》し、本《もと》より高峯《こうほう》を愛す。
人里《じんり》の日を知らず、月を観て青松《せいしょう》に臥《ふ》せり。

「良相公《りょうしょうこう》に贈る詩」より『性霊集《しょうりょうしゅう》』

自分が本当にやりたいと思うことを優先する

「はぐれ雲は一つのところにとどまってはいない、もとより高い山々を愛しているのだから。人里での暮らしを知ろうとも思わない、ただ月を見ながら松の根元に眠る、それで私は十分なのだ」――空海が良相公《りょうしょうこう》（桓武《かんむ》天皇の皇子、良岑安世《よしみねのやすよ》。空海と親交が深かった）からの手紙に答えて贈った漢詩の一節です。

良相公は、都で活躍することを期待されているのに山にこもっている空海に、「なぜ都に下りてきてくださらないのか、それでは徒《いたずら》に玉《ぎょく》を懐《いだ》いているようなもので、せっかくのお力が役に立たないではありませんか」と、山を下りるよう促す丁重な手紙を送っていました。

孤雲（はぐれ雲）とは空海自身のこと。いまはまだ動くときではなく、にぎやかな都で働くよりも静かな瞑想が大事なのです。修行の場である山中こそ自分の居場所なのです――。名声を得ることになど空海は興味がなかったのです。

誘いのことばに軽々《けいけい》に乗らず、いまの自分に大事なこと、心からやりたいと思うことを優先しているか。私たちもときどきそんな反省が必要かもしれません。

小さな積み重ね

身近にある当たり前のことに気づく

言亡慮絶《げんぼうりょぜつ》して法界《ほっかい》に遍《へん》ぜり、
沈萍《ちんぺい》の一子《いっし》もっとも哀れむべし。
『秘蔵宝鑰《ひぞうほうやく》』

身近な真実に気づいて実践する

日本のプロ野球、大リーグを通して、次々と記録を塗り替えて活躍したイチロー選手。とんでもない大記録をいくつも打ち立てた彼は、インタビューではよく次のようなことを言っていました。

「小さなことを積み重ねることが、とんでもないところに行くただひとつの道だと思う」「小さなことを積み重ねることで、いつの日か、信じられないような力を出せるようになっていく」。——たしかに、いきなり日米通算四千本安打のような大記録は生まれず、いきなり天才的なバッティング技術が身につくわけはありません。イチロー選手の言っていることは、じつは当たり前の真実なのです。しかし、この当たり前の真実に気づいて、実践できる人は少ないのです。

空海も言っています。「ことばも思慮も越えたところに、真理はあまねく行き渡っているのに、これを知らずに、水草のように沈んでいく人こそ哀れである」と。沈んでいく先は迷いの海です。真実は至るところにあり、それを見つけて小さなことを積み重ねていけば、水草のようにならずにすむことに気づきましょう。

ありのままの自分をさらけだそう

覆《おお》えばすなわち長劫《じょうごう》に偽獄《ぎごく》に沈み、
発陳《ほっちん》すれば仏の真容《しんよう》を見る。
『金勝王経《こんしょうおうきょう》 秘密伽陀《ひみつかだ》』

隠すものが多くなるほど自分を苦しめる

「あやまちを隠せば隠すほど長く地獄に苦しむことになり、心をさらけ出せば、仏の姿に出会うことができる」――。

つまり、隠すものが多くなるほど自分を苦しめるが、嘘を言わず、自分をありのままにさらけ出せば、心安らかに過ごせるということです。

人は知能が発達したばかりに、嘘をついたり、人をだますことを覚えてしまった動物です。新聞を見れば「振り込め詐欺」や「結婚詐欺」など、まるで地獄に堕《お》ちる恐ろしさを忘れてしまったかのような愚かな人々がいっぱいです。

詐欺まで働かなくとも、自分を見栄で飾りたてたり、本当の姿を隠していることはやはり苦しみを生むはずです。経歴をいつわって生きたり、妻子がいるのを隠して浮気に励んだりしている人は、そんな嘘をやめてしまえば、よほど楽に生きていけるはずです。

空海は「真言は苦を抜き、楽を与う」と言っています。よけいな知恵を捨てて、まことのことばにしたがえば、人は本来もっと楽しく暮らせるのです。

信念を持って しなやかに生きる

心海湛然《しんかいたんねん》として波浪《はろう》なし。識風鼓動《しきふうこどう》して去来《こらい》をなす。

『秘蔵宝鑰《ひぞうほうやく》』

迷いの風をとどめない竹の強さに学ぶ

風、疎竹《そちく》に来たる、風過ぎて竹は声を留《とど》めず——という禅の世界でよく使われることばがあります。もとは中国の古典『菜根譚《さいこんたん》』にある一節です。

疎竹とはまばらな竹林のこと。そこに風が吹いてくると、竹は揺れてざわざわ音を立てるけれど、風が去ればもとの静けさに戻り、なんの声もとどめないということ。心を揺らそうともいつまでも跡を残すな、人も竹に学べというわけです。

一方、「心の海は波もなく静かなのに、迷いの風が吹くたびに波立っている」という空海のことばは、禅の境地とは異なり、「愚かな人は幻の男女に目がくらみ、外道《げどう》は蜃楼台《しんろうだい》（実在せず役立たずのもの）を信じて執着している」と辛辣《しんらつ》に続きます。幻の男女とは性欲の魔のことでしょう。正しい教えを知らない外道のままでは、心の海はしょっちゅう大荒れだと言うのです。

これは、心の静けさを保つには何か一つ信念を持てということに通じます。「正義を守る」でも「嘘をつかない」でも、「周りを幸福にする」でもいいのです。

強い信念が、外からの風に負けない、竹のようなしなやかな心をつくります。

さまざまな価値観を受け入れてみる

封著《ふうじゃく》して狂迷《きょうめい》すれば三界《さんがい》熾《さかん》なり。
よく観じて取らざれば法身《ほっしん》清《きよ》し。
「如幻《にょげん》の喩《ゆ》を詠ず」より『性霊集《しょうりょうしゅう》』

固定観念を捨てると世の中がおもしろく見えてくる

ウサギとカメの昔話といえば、足の速いウサギがカメよりはるかに先行していたのに、油断して昼寝をしているスキに、カメに追い越されてしまうというお話。歩みはのろくても、地道に一歩一歩努力していけばきっと報われるとか、驕《おご》った心を持ってはいけない、最後まで油断してはいけないという教訓として、〝カメはエラい、ウサギはダメ〟と子ども心に刻んだ人は多いでしょう。

ところが、ひろさちやさんという宗教学者が書いていますが、インドなど外国でこの「ウサギとカメ」の話をすると、日本人とはまったく違う感想を持つというのです。「なぜカメはウサギを起こしてやらなかったのだ」「カメは非情なやつだ」「いっしょにゴールすればいいのに、ウサギがかわいそう」など……。

空海のことばは、「ものごとに深くとらわれてしまうと苦悩はますます深まる。固定観念を捨てて、本質をよく見てとらわれずに生きれば、心は清く静かになる」という意味。ものごとにはいろいろなとらえ方があるのです。自分の考えや価値観に固執するのをやめてみれば、世の中はもっとおもしろく見えてきます。

心が通じ合えば、会えなくても親友

意《こころ》通《とう》すれば、則《すなわ》ち傾蓋《けいがい》の遇《ぐ》なり。

『性霊集《しょうりょうしゅう》』

思いが通じ合う相手を友と呼ぶ

下野国《しもつけのくに》（栃木県）に、日光開山《かいさん》の祖といわれた勝道上人《しょうどうしょうにん》という僧がいて、あるとき空海は、人を介してその功を讃える碑文を依頼されました。勝道上人と面識のなかった空海はいちど辞退しますが、上人の徳を知り、二荒山《ふたらさん》（日光山）を開いて寺社を建立するまでの苦心を聞くと感銘を受け、碑文を引き受けたのです。

その碑文に、「人の相知ること必ずしも対面して久しく語るのみにしも在《あ》らず。意通すれば、傾蓋の遇なり」とあります。

意味は、「人が理解し合うというのは、必ずしも長い時間話をしてなるものではなく、心が通じ合えばそれだけで旧知の仲のようになれるものです」。

「傾蓋の遇」とは、たまたま路上で会って立ち話をすることで、ちょっと話しただけで旧友のように親しくなること。孔子《こうし》が通りすがりに人に会い、車のきぬがさを傾けて親しく話をした故事からきており「傾蓋故《けいがいこ》の如し」ともいいます。空海はこのことばで上人への敬愛を示したわけです。親しみや友情を生むのは、何度会っているか、どれだけ長く話したかではなく、心がどれだけ通じ合ったかなのです。

遠く離れても

大切な人へのまごころをなくさない

貧道《ひんどう》と君と遠く相知《あいし》れり。山河雲水《さんがうんすい》何《なん》ぞ能く阻《へだ》てん。

「野陸州に贈る歌」より『性霊集《しょうりょうしゅう》』

あなたのことを思わない日はありません

「私とあなたとは遠い昔から知る仲、山河雲水がどうして二人の友情を隔てられましょう」。そして、「山にこもる身と辺境の官吏という身ではありますが、あなたを思わない日は一日たりともありません（白雲の人、天辺の吏《り》、何《いず》れの日か念《おも》ふこと無からん）」と原文は続いています。

これだけ見れば、まるで恋人を慕い、その身を気づかうような文面ですが、「貧道」とは僧の謙称で空海自身のこと、「君」とは野陸州《やりくしゅう》（陸奥守《むつのかみ》となった小野朝臣岑守《おののあそんみねもり》のこと）をさしています。陸奥の国はいまの東北地方で、平安時代にはなかなか都の政治がおよばず、治めるのは大変だった土地です。これはその地を任された野陸州の身を心から案じ、励ます内容の手紙なのです。

通信環境が整い、距離や時間の隔たりはあまり意識しなくてすむ時代になりました。それでも、故郷の親や親しい人を思うとき、「山河雲水に隔てられても、あなたのことを思わない日はない」と言えるようなまごころをなくさずにいたいものです。

ときには罪を許す寛大さを持つ

過《とが》を恕《ゆる》して新《あら》たならしむる、これを寛大《かんだい》といい、
罪を宥《なだ》め臓《ぞう》を納《おさ》める、これを含弘《がんこう》と称す。
『性霊集《しょうりょうしゅう》』

過ちを犯した人をただ切り捨てずに

空海は、「たとえ命を捨てるようなことがあっても戒*を犯すな」と弟子たちに遺言を残しているように、「戒」を守ることについてはきびしい姿勢を持っていました。しかし、ここにあげた空海のことばは、女犯《にょぼん》の罪に問われた奈良元興寺《がんごうじ》の僧に寛大な処置を乞う手紙のもの。いわば減刑嘆願書で、「過ちを許して更生させることを寛大といい、罪を犯した者の事情を十分に汲んで赦《ゆる》すことを含弘《がんこう》（導き輝かせること）というのではありませんか」と言っています。

釈迦ももちろん戒を守ることについて厳格でした。しかし、あるときナンディアという弟子が天女の誘惑に負けて不邪淫戒《ふじゃいんかい》（淫らなセックスをしない）を破る重罪を犯したとき、「捨戒《しゃかい》」というルールを作りました。出家者がどうしても戒を守れなくなったとき、一時的に戒を捨てる宣言をすれば罪を軽減し、在家《ざいけ》に戻って一からやり直すチャンスを与えたのです。空海もまた、ただ厳格に戒を守ることだけが仏道ではないことを承知していたのでしょう。過ちを犯した人をただ切り捨てず、事情をよく汲み、ときには赦すという寛大さも必要なのです。

＊仏教信者が守るべき行動の規範。戒律のこと

天国も地獄も心がつくり出す

知らず自心《じしん》の天《てん》・獄《ごく》たることを、
あに悟らんや唯心《ゆいしん》の禍災《かさい》を除くことを。

『秘蔵宝鑰《ひぞうほうやく》』

人の道を踏み外すとき地獄が口を開ける

「天国とか地獄も自分の心がつくり出したものだ。それを知らずに心の災いを取り除くことなどできようか」――空海はそう言っています。

汚れた心には美しいものが見えないように、世界はその人の心の働きによって変化し、天国や地獄さえも心がつくり出すのです。

江戸時代の名僧、白隠禅師《はくいんぜんじ》の逸話があります。ある高名な武士が来て、白隠に「地獄や極楽はどこにあるのか」と尋ねました。白隠は「武士のくせに地獄や極楽の所在を問うとは、さては腰抜け武士だな」と罵倒《ばとう》します。武士は「無礼者め」と立腹し、刀に手をかけ「謝らなければ斬る！」と逃げる白隠を追います。逆上した武士がまさに斬りかかろうとした瞬間、「そこが地獄じゃ！」と白隠が一喝します。

しばし動けなくなった武士が我に返り、「これが地獄とよくわかりました」と頭を垂れると、白隠はにっこり笑い、「そこが極楽じゃよ」と言ったということです。

白隠は〝地獄も自分の心がつくり出す〟ことを教えたのです。人生にはいろいろなことが起こります。何が起ころうとそれを忘れずにいることです。

真っ先にすべきこと

一大事のときこそ優先順位にしたがう

毒箭《どくぜん》を抜かずして、空《むな》しく来処《らいしょ》を問う。

『性霊集《しょうりょうしゅう》』

毒が回る前にまず矢を抜け！

「毒矢が刺さっているのに抜こうともせず、矢が飛んできた方向を尋ねる」——。

重大な事態になっているのに、本人は何を優先すべきか、いまどうするのが大事なのかまったくわかっていないことがあります。

端《はた》から見ればなんと愚かなと思いますが、気が動転していたり、事態をちゃんと把握できていないと、そういう困ったことが起きます。

これが大事な仕事の進行中に起きたら一大事。毒矢はいわば致命的ミスです。

そのミスが現にもう起きているのに、ここに至った原因をさぐったり、ぐずぐずとだれの責任か調べたりしていたら完全に命取り、その会社はアウトです。毒矢が刺さったらまず抜いて、毒が回らないよう処置するのが当然先です。仕事でいえば何をおいても相手に詫びを入れに行くのが先で、責任追及はそのあとです。

刺さった矢も致命的ミスも、起きてしまったことはどうしようもありません。大事なのはそのあと最善の処置をして毒が回らないようにすること。人生での重大事でも同じです。慌てず腹をすえて、最優先すべきことから着手してください。

あなたは周りを幸せにしているか

夫《そ》れ境《きょう》、心《しん》に随《したが》って変《へん》ず。心垢《しんよご》るれば境濁《きょうにご》る。心は境を逐《お》って移る。境閑《しずか》なるときは心朗《ほがら》かなり。

『性霊集《しょうりょうしゅう》』

取りまく環境は自分の心の反映でもある

「環境は心にしたがって変化し、心が汚れれば環境も濁る。心は環境とともに移り変わり、周囲が静かで落ち着いていれば、心も明るく大らかである」――。

緑豊かな自然の中でのんびり暮らすのと、無機質なコンクリートばかりの都会で時間に追われて暮らすのとでは、心のありようが変わってくるのは納得できるでしょう。また、心安らかな人は、住んでいる部屋も清潔で片付いているものだし、ゴミ溜めのような部屋に平気でいる人は、心も荒《すさ》んでいるものです。

よく「環境が人をつくり、環境が人を変える」といいます。しかしこれを「自分がだめなのは環境のせい」とか「自分が認められないのは周囲にまともな人間がいないから」などと勝手な理由付けに使うのはまちがい。劣悪な環境にいても、立派な人物になったり才能を発揮した例はいくらでもあります。問題なのは周囲ではなく、まず自分であることに気づきましょう。空海の言う「境《きょう》」とは心の反映された世界のこと。境と心は互いに作用しあっています。周りが明るく幸せか、暗く陰鬱《いんうつ》か、それも自分の心の反映であることを知れと空海は言っているのです。

執着から離れる

無心に謙虚に汗を流す

慢《まん》ずること莫《なか》れ欺《あざむ》くこと莫《なか》れ、是《こ》れ仮物《けもつ》。
大空三昧《だいくうざんまい》は是れ吾《わ》が妃《ひ》なり。
「陽焔《ようえん》の喩《ゆ》を詠ず」より『性霊集《しょうりょうしゅう》』

過去にとらわれず、どれだけがんばれるか

プロスポーツでもビジネスの世界でも、一時の成功に天狗になって慢心し、いままで続けていた精進をやめてしまうと、あっという間に谷底へすべり落ちて行く運命が待っているものです。

空海は言っています。「驕《おご》ったり慢心《まんしん》してはいけない、すべては仮のものだと知ることだ。空《くう》を知り、空に遊ぶことをわが喜びとしなさい」（「空」については49ページ参照）。「諸行無常《しょぎょうむじょう》」というように、人気も栄光もいつまでも続くものではなく、いつかピークから落ちるときがやってきます。そのとき、こだわりを捨ててどれだけがんばれるかで人の価値は決まっていきます。

かつてサッカー日本代表のエースだった〝カズ〟こと三浦知良《みうらかずよし》選手と〝ゴン〟こと中山雅史《なかやままさし》選手（ともに一九六七年生まれ）は、五十歳を越えても現役を続け、Jリーグ最年長得点記録を競い合っていました。中山選手はかつて「自分はうまくない、そう思うからこそ、ここまでやってこれた」と語っていました。過去を引きずらず、無心に謙虚に精進を続けることが、人を長く輝かせるのです。

苦悩の救い方

救いは少しでも早く

大士《だいじ》の用心《ようじん》は、同事《どうじ》これ貴《とうと》ぶ。
『高野雑筆集《こうやざっぴつしゅう》』

菩薩はいつでも救いに行ける準備をしている

「菩薩の心がまえは同事を貴ぶことだ」——という空海のことばです。原文の「大士」とは菩薩のこと。「同事」とは、苦しむ人々と同じ目線に立って相手を思いやり、救いを求める人を待たせず、すぐにでも手を差しのべるということ。

菩薩は慈悲の心をもって人々を救う仏です。仏像を見に行くとわかりますが、すでに悟りを開いた如来像は坐っている姿が多く、菩薩像は立っている姿が多いのです。また片足を少し前に踏み出している菩薩像もあります。これは、苦しむ人をすぐにでも救いに出かけるため、歩き出そうとしている姿なのです。

また観音菩薩は、多くの人々のさまざまな苦を救うため、三十三の姿に変身するといわれています。頭部にたくさんの顔を持つ十一面観音や千手《せんじゅ》観音はその変身した姿の一例。千手観音の千の手は一度にそれだけ多くの人を救うためで、手に持つさまざまな道具は、人々の苦悩の種類に合わせた救いの道具なのです。

あなたの大切な人が苦しんでいたら、すぐにでも駆けつけて安心させてあげてください。救いは一刻も早いほうがいいのです。

体まるごと仏のことばを受け止める

山毫《さんごう》に溟墨《めいぼく》を点《てん》ず、乾坤《けんこん》は経籍《きょうせき》の箱なり。

「遊山慕仙《ゆうさんぼせん》の詩」より『性霊集《しょうりょうしゅう》』

全身で自然を浴びれば心身爽快！

「高くそびえる山を筆にして、大海を墨として書くごとく、天地は仏の教えで満ちている」――。空海らしいスケールの大きいことばで、「乾坤は経籍の箱なり」とは、天地は経典（お経）を収める箱だと言っています。

空海の思いは、仏（大日如来《だいにちにょらい》）がその壮大な筆でこの世に一筆ふるえば、森羅万象《しんらばんしょう》あらゆるものが一字にふくまれ真理を説く、ということです。

空海は『声字実相義《しょうじじっそうぎ》』という著書で、「それ如来の説法は必ず文字による。文字の所在は六塵《ろくじん》その体なり」と書いています。如来の教えは必ず文字でなされる。しかしその文字とは、ただ経文に書かれた文字を読むことではありません。私たちの感覚や知覚によって、色や音、香り、味覚、触感、心の動き（これらを色・声・香・味・触・法の六塵《ろくじん》という）として読み解けと言うのです。

つまり、五感も心も解放し、全身全霊で仏のことばを受け止めろということ。海や山で大自然に身を浸していると、小さな悩みなどどうでもよくなり、心身爽快になります。あれはきっとこの教えを無意識に実践しているからなのです。

隠れた力はいつか発揮できる

禿《かぶろ》なる樹《き》、定《さだ》んで禿《かぶろ》なるに非《あら》ず。
『秘蔵宝鑰《ひぞうほうやく》』

地道な努力は必ず報われる

「禿なる樹」とは、葉がすべて落ちてしまって枯れ木同然に見える木のこと。「定んで禿なるに非ず」とは、枯れ木に見えた木も、ずっとそのままの状態ではいないということ。つまり、冬の間眠っていた木も、春が来れば一斉に花をつけるように、愚かな者もいつまでも愚かなままではいない、という意味です。

梅の古い木には、本当に枯れてしまったのじゃないかと思う姿のものがよくあります。ところが正月を過ぎ、ほんの少し春の気配がしてくると、ちゃんと蕾《つぼみ》をつけて、やがて見事に花を咲かせます。ケヤキなどの落葉樹の変化も劇的です。

このことばは、無常やそうした自然の理《ことわり》を言っていますが、「隠れた力や才能は、いつか必ず発揮できるときが来る」という意味が強いことばです。

空海自身、山野で修行を続けていた二十代は、ほとんどだれも目をくれない無名の僧でした。それが唐留学によって一変し、帰国後は宗教界のヒーローのような存在になっていきました。その根で養分を吸い、ちゃんと幹にたくわえていれば、枯れ木のような枝にも必ずいつか花が開きます。

論より実践

知るのでなく
実践してこそ変わる

病人に対《むか》って方経《ほうきょう》を披《ひら》き談《だん》ずとも、
病《やまい》を療《りょう》するに由無《よしな》し。
『性霊集《しょうりょうしゅう》』

夢をかなえる本を読むだけでは夢はかなわない

「病人を目の前にして、医学書を開いていくら病名を説明してやっても、病いの治療にはならない」――と空海は言っています。

現代でいえばインフォームド・コンセント（治療前説明と同意）をいくら綿密にやっても、肝心の治療をしてくれなかったら、患者は治らないということです。「能書きよりも治療をしてくれ」と言いたくなりますが、もちろんこれは医者だけの話でなく、私たちの日常でも似たような例は、じつはいっぱいありそうです。

自己啓発や、自分さがし、夢をかなえる方法などをテーマにした本や、血液型や星座などで自分の性格を知る本はたくさん出ています。そうした本を一生懸命読んで、「いい人生の作り方がわかった」「夢をかなえる方法がわかった」「自分の性格がわかった」という人は多いはずです。なるほどそうかと納得して、やる気や元気を得るのはいいことです。でもそこで終わってしまうと、医者の説明を聞いて「ああ、これで治るんだよかった」と、治療を受けずに帰ってしまうようなもの。納得だけで終わらず、生活で実践していくことで初めて自分を変えられるのです。

自分の心に素直に生きる

空海弱冠《じゃっかん》より知命《ちめい》に及ぶまで山藪《さんそう》を宅《いえ》とし、禅黙《ぜんもく》を心とす。人事《じんじ》を経《へ》ず、煩砕《はんさい》に耐《た》えず。

『性霊集《しょうりょうしゅう》』

世俗の名誉よりも自分の生き方を守る

「私は若いときから五十の歳《とし》まで、山野を住まいに修行に生きてきました。世俗のことは経験がないので、煩わしく耐えることができません」。

これは空海が五十六歳のとき、天皇より「少僧都《しょうそうず》」という官位を授ける勅書《ちょくしょ》を受け、辞退を申し出た手紙にあります。天皇から高い位を賜《たまわ》るのは大変名誉なことで、辞退するなど普通はあり得ないことです。しかも理由が、「世の中のことに経験がなく耐えられそうもない」というのが空海らしいところ。さらに、「名匠の代わりに未熟者が木を切ろうとすると決まって手を傷つける」という『老子《ろうし》』のことばを引いて、「器量の小さい者が大役を引き受けたところでお役に立てず、失敗をするのが目に見えています」などと辞退の弁を述べています。

歳を重ねると、人の欲は名声や栄誉に向かいがちです。しかし、そんなものより山で坐禅するのを選んだ空海の生き方にこそ学ぶべきです。空海はとうの昔に世俗の欲を捨てており、終世その生き方を守りました。鳥の声を聞きながら瞑想する空海の周りには、きっといい風が吹いていたでしょう。

心は香《こう》のように
体は花のように

心を洗って香《こう》とし、体を恭《つつし》んで花とす。

『性霊集《しょうりょうしゅう》』

人に安らぎや和みを与える存在を目指す

このことばは空海が天皇の徳を述べた文章にあります。お香が周りを浄めていくように、その心で社会の汚れを除き、花が人を慈愛で包むように、その身と行動で平和な世を築かれた、と天皇の徳の高さを称えているのです。

お香のよい匂いがただよってくると、ふっと心が安らぐような気がします。可憐な花を見れば、気持ちがやさしくなっていく気がします。

そしてお香も花も仏教では欠かせないもの。仏様も先祖の霊もお香の匂いと花が大好きだそうですから、仏壇にも忘れずに用意しましょう。仏前に花を供えるのは、供養の意味のほか、「花の清く無垢《むく》な心を持ち続けるように」と、仏様が私たちに示してくれているのだという人もいます。

人に安らぎと心地よさを与えて消えていくお香と、見返りを求めず、ただ無心に咲いて人を和ませる花……これはお手本です。

さりげなく人の役に立ちたいと思ったら、〝心はお香、体は花〟の心がけで今日から行動してみましょう。

自分が持っている「明珠《めいしゅ》」に気づこう

自宝《じほう》を知らず、狂迷《きょうめい》を覚《かく》と謂《い》えり。

『秘蔵宝鑰《ひぞうほうやく》』

まず自分を認めることからはじめる

「自分が宝を持っているのを知らず、外の世界のまちがった考え方を信じ、それを真理だ、悟りだと騒いでいる」――。

「明珠《めいしゅ》、掌《てのひら》にあり」という仏教でよく使うことばがあります。明珠とは光を宿す透明な玉のことで、「仏の心」「悟り」を象徴しています。悟りは自分の手にある、すでに仏を心に宿しているのだから、遠くに求めて迷うなということです。

あなたはすでに宝を持っているのです。「それを知らずに邪道を信じたり、小賢《こざか》しい理屈を並べて真理だ、悟りだなどと血迷ってはいけない、自分の掌の明珠に気づきなさい」と、空海は言っているのです。

これは「心をちゃんと見なさい、宝を持っている自分を尊重しなさい」ということに通じています。認めてくれる人も、愛してくれる人もいない……などと自分がいやになっても、尊い自分を否定してはだめです。なぜ尊いかといえば、あなたは宇宙で唯一の存在だから。それだけでも十分宝の価値があります。自分を愛せなかったら他人を愛することもできません。まず自分を肯定しましょう。

悟りとは無垢《むく》な自分に戻ること

成仏《じょうぶつ》とは正覚《しょうかく》正智《しょうち》不生《ふしょう》不滅《ふめつ》無始《むし》無終《むしゅう》の義《ぎ》なり。

『大日経開題《だいにちきょうかいだい》』

悟りとは生まれ変わった姿ではない

一般に「あの世へ行く」ことを「成仏《じょうぶつ》する」と言いますが、「成仏」とはあらゆる煩悩を去って「悟り」を開き、文字どおり仏になること。涅槃《ねはん》へ行く、彼岸《ひがん》へ渡る、などもほぼ同じことをさしています。空海は成仏をこう説明しています。

「仏になるということは、正しい悟りを得、正しい智慧《ちえ》がはたらき、生も死も、始まりも終わりもない永遠の命をそなえるということ。因縁によって生じる結果ではなく、天然自然、真のあるがままの姿になったということである」。

つまり何かまったく新しいステージに達するとか、まったく別のものに生まれ変わるのではなく、「あるがままの無垢な姿」に戻ることが成仏だと言うのです。

あえて「正覚正智」と言うのは、真の悟りに達していないのに「悟りを得た」といつわったり、師が認めていないのに「悟った」と思い込むことを厳格に戒めるため。「智慧」とは仏だけが持つ特別な「考える力」のことで、知恵とは別次元のものです。本書に収めた空海のことばは、まさに智慧のことばです。これらを生かすことで、無垢な自分の姿に少しずつ戻っていけるはずです。

笑顔は周りに広がっていく

香《こう》を執《と》れば自ら馥《かんば》し、衣《ころも》を洗えば脚浄《あしきよ》し。

『性霊集《しょうりょうしゅう》』

香りが周りを気持ちよくさせるように

「いつも香を使っていると、自分の体からよい香りが漂うようになる。着物を洗えば、流れにつかる脚まできれいにする」――。香は清浄なものを表し、「日々よい行いを心がけていれば、いつの間にか自分の周りによいことが広がっていく」ということ。「衣を洗えば脚浄し」とは、香がしみ込んだ着物を川で洗うと、香が流れ出して脚もいっしょにきれいにする、つまり「世の人のためを思ってよいことをしていると、ひとりでに自分にいいことが返ってくる」ということです。

仏教とはそもそも「正しいこと、よいことをしよう。悪いことをするな」と単純なことを説きながら、より楽しく人生を送るための知恵を集めたものです。よい行いはよい結果を招く（善因善果《ぜんいんぜんか》）という因果応報の考えが基本にあるとはいえ、だからよい行いをするわけじゃない。世のためになることをして、人を助けたり、やさしく包んだりすることで人は安心し、自分も楽になれるのです。

よい香りは周りもよい気持ちにします。あなたは一人じゃない――みんなで心楽しく生きるため、笑顔で今日もがんばれと、空海は言っています。

空海の著作物

ことばを自在にあやつった空海

類いまれな執筆へのエネルギー

空海の大きな特徴として、生涯を通して旺盛な執筆欲を持ち、多数の著作や文書を残したことがあげられます。全時代を通してみても、空海ほど幅広い執筆活動を行った宗教家はまれなのではないでしょうか。

本書はそうした空海の著作物を原典として一一〇のことばをピックアップしていますが、主要な著書としては次のものがあります。

『三教指帰《さんごうしいき》』……二十四歳のときに初めて書いた戯曲形式の小説。登場人物の会話によって儒教、道教、仏教を比較し分析したもの。もとは『聾瞽指帰《ろうこしいき》』という名前だったが空海自身が書名を変更した。空海の出家宣言書でもある。

『秘密曼荼羅十住心論《ひみつまんだらじゅうじゅうしんろん》』……悟りに至る精神段階を十に分け、膨大な引用資料によってそれぞれの段階に解説を加えた大著。

『秘蔵宝鑰《ひぞうほうやく》』……『秘密曼荼羅十住心論』の要約版だが、空海の密教思想の集大成と言えるもの。

『般若心経秘鍵《はんにゃしんぎょうひけん》』……「般若心経」を密教の視点から解読し、説明したもの。

『弁顕密二教論《べんけんみつにきょうろん》』……密教以外のすべてを「顕教《けんきょう》」として密教と対比させ、密教の優位性を解説したもの。

『即身成仏義《そくしんじょうぶつぎ》』……大日如来《だいにちにょらい》とはどのような存在かを示し、即身成仏に到る修行の方法を説いたもの。

『声字実相義《しょうじじっそうぎ》』……声や字、音や現象も如来の説法であることを示し、密教独特の言語観を説いたもの。

『吽字義《うんじぎ》』……「吽」の字に含まれる意味を解き明かし、真言(呪文)の本質を説くもの。

ほかにも、経典の注釈書が多数あり、梵字《ぼんじ》の解説書なども空海は残しています。また密教以外の分野では、画期的な文芸論である『文鏡秘府論《ぶんきょうひふろん》』を著し、ことばを自在にあやつった空海の文章論・詩論が読めます。またわが国最初の辞書とされる『篆隷万象名義《てんれいばんしょうめいぎ》』三十巻の編纂《へんさん》も行っています。

「いろは歌」も空海の作か

そのほか『性霊集《しょうりょうしゅう》』（『遍照発揮性霊集《へんじょうはっきしょうりょうしゅう》』）は、弟子の真済《しんぜい》が空海の手紙や詩編、碑文、願文その他の文章を写し取ってまとめたもの。最澄への手紙をはじめ、天皇や知人との私的なやりとりや、亡くなった弟子を追悼する文書もあり、空海の人となりを知るうえで大変貴重な資料になっています。『高野雑筆集《こうやざっぴつしゅう》』も空海の書簡を集めたもので、同様の意味で貴重です。

また著作物ではないものの、「いろはにほへと〜」のかな文字の原点である「いろは歌」も空海が考案したものといわれています。「色は匂《にほ》へど散りぬるを我が世たれぞ常ならむ　有為《うゐ》の奥山今日《けふ》越えて　浅き夢見じ酔《ゑ》ひもせず」というかなが一文字も重複しない和歌がもとで、否定的な学者は多いものの、昔から弘法大師・空海の作として民間に伝わってきました。

類いまれな詩人でもあり、人並み外れて言語感覚のすぐれていた空海なら、いかにもやりそうな気がします。

第五章

空海で「未来に進む」

夢をかなえる

自分で逃げないかぎり
夢は実現できる

一心《いっしん》の虚空《こくう》はもとよりこのかた常住《じょうじゅう》にして不損不滅《ふそんふげん》なり。

『吽字義《うんじぎ》』

描いた夢は実現するまで追い続ける

「どんなに心が煩悩《ぼんのう》に覆われ、慢心がのさばっても、悟りという絶対の領域はどこへも動かず同じところにとどまり、壊れたり減ってしまうこともない」——と空海は言っています。

人の心がどんなに堕落しても、悟りの世界はなくなることはありません。

じつは「悟り」を夢や理想の実現ということばに置き替えても、同じことが言えます。たとえば、自分の会社を持ちたい、南の島に住みたい、プロの歌手になりたい、作家になりたいなど、いちど本気で描いた夢は、実現するまで消えることはないでしょう。夢は勝手に去って行くことも、遠くへ移動することもありません。多少のマイナーチェンジはあっても、勝手に壊れたり、減ったりすることもありません。夢はあなたから逃げたりしないのです。

逃げるのはいつも自分であり、あなた自身が夢の前から去って行くだけなのです。

悟りを開くことも夢の実現も簡単ではありません。しかし、自分から逃げないかぎり、それは必ず実現可能なところにあります。

心に残すもの

去るときはよい残り香をおいていく

身は花とともに落つれども、心は香《こう》とともに飛ぶ。

『性霊集《しょうりょうしゅう》』

去ったあとに何を残せるか

「肉体は花が落ちるようにいずれは枯れ落ちるが、心はたなびく香のように天に昇っていく」――。肉体は滅んでも、仏にしたがう清い心は浄土に往生する、という空海のことばです。しかしこれは、人は亡くなったとき何を残すのか、という深いテーマにも響いてくることばです。

「咲いて散るのが草木の花で、散って咲くのが人の花」という浪曲の名セリフがあるように、亡くなったあと周りに何を残せるかで人の価値は決まるのかもしれません。これは財産の話などではなく、どれだけ懸命に生きたか、どれだけ夢を追ったか、どれだけ人を愛したかで、人の心に残していくものは変わるということです。

食で心を癒すことを提唱し、青森で「森のイスキア」という憩いの施設を主宰した、故・佐藤初女《さとうはつめ》さんがこう言っています。「人の死は姿の別れであって、心の別れではありません。亡くなった人が生前に望んだように、自分が生きていくこと。それがその人の慰めになります」。心は人の記憶の中にずっと生き続けます。空海も「よい残り香をおいていくような生き方を目指せ」と言っているのです。

人生を「夢」と思えばなんでもできる

此《こ》の身《み》は脆《もろ》きこと泡沫《ほうまつ》の如《ごと》し、
吾《わ》が命の假《かり》なること夢幻《むげん》の如し。
『性霊集《しょうりょうしゅう》』

夢であればこそ大切に生きる

「この肉体は泡のようにもろく、命は夢まぼろしのようなもの」――。

原文は「無常の風忽《たちま》ちに扇《あお》げば四大瓦《しだいかわら》の如くに解《と》く」と続きます。ひとたび無常の風が吹けば、四大（地水火風）も粉々に散る、私たちの肉体もかたちをとどめないということです。

江戸時代の名僧・沢庵和尚《たくあんおしょう》は死の間際に「夢」と大書し、曹洞《そうとう》宗を開いた道元禅《どうげんぜん》師《じ》は「夢中に夢を説く」のが仏の教えだと説きました。織田信長も「人間五十年、下天《げてん》のうちをくらぶれば夢まぼろしの如くなり、ひとたび生を享《う》け滅せぬもののあるべきか」という謡《うたい》（「敦盛《あつもり》」）を好んだそうです。「一期《いちご》は夢」――人の一生は夢にすぎないのかもしれません。

ならば、その夢を大切にしろと空海は言うのです。「命はこの宇宙からいっとき預かった仮のもの。自分の中の仏に目覚め、夢の間に迷いの世界から抜け出せ」と。

夢なら、生死や愛欲、物欲など現実への執着を捨てることもできるはずです。同じ夢を見るのなら、心が弾み笑顔が浮かぶような気持ちのいい夢にしましょう。

雨もみな同じ水

感情はいろいろ変わる、でも心は一つ

雨足《うそく》多しといえども並《ならび》にこれ一水《いっすい》なり。
燈光《とうこう》一《いつ》に非ざれども冥然《みょうねん》として同体《どうたい》なり。
『吽字義《うんじぎ》』

自分の一面だけを「すべてだ」と思わない

どしゃ降りの雨もその一滴一滴は同じ水であり、地面に吸い込まれ、あるいは川の水となって海に流れ、また雨のもととなっていきます。無数のろうそくの火も、その光は一つに溶け合って同じ大きな明かりになります。

「雨あられ　雪や氷とへだつれど　溶《と》くれば同じ谷川の水」と昔から言うように、水はいろいろなかたちで見えるけれど、もとは同一のもの。たくさんの灯火も明かりとして見れば区別がつきません。空海は「一は一に非ずして一なり。無数を一と為《な》す」とも言っています。モノも心もその姿は一様ではなく、バラバラなように見えても一つであり、無数であっても一つである。つまり、人の心にも多面性があってさまざまな顔を見せるけれど、その本体は一つだと言っているのです。

日常でも、喜び、怒り、悲しさ、寂しさ、いとおしさ、とバラバラな感情が生まれては消えます。でもその本体は「あなたの心」という一つのもの。もし悲しみや憎しみなどで心が塞《ふさ》がっても、それが自分のすべてだなどと思わないことです。

その本体は「もともと静かで澄みきっている」ことを思い出してください。

後光にまどわされず名《な》よりも「実《じつ》」をとる

汝《なんじ》、なんぞ空《むな》しくその名《な》に滞《とどこお》ってその理《り》を見ざる。

『五部陀羅尼問答偈讃宗秘論《ごぶだらにもんどうげさんしゅうひろん》』

肩書きよりも中身をきちんと見る

茶道の話ですが、茶室には「にじり口」という小さな入口があり、客は手を付き体をかがめてそこから席に上がります。地位や身分の高い人でも頭を下げなくては通れず、侍は刀を外さなければ入れません。これは、茶室を外の世界と切り離し、招かれた客は名前も肩書きもいっさい脱ぎ捨て、ただ客と亭主（茶事《ちゃじ》の主催者）という立場で茶席を楽しむための工夫なのだそうです。

それだけ人は、名前や肩書きというヨロイをなかなか脱げないものなのです。

空海は「あなたはなぜ空しく名にこだわり、真理を見ようとしないのか」と言っています。日本人は肩書きに弱いと言われます。でも現実には、一流大学の先生の講義より、農家のおじいちゃんの一言のほうが真理を突いていたり、政治家の発言よりも小学生の作文のほうがするどく世の中の矛盾を突くこともあります。

有名人が宣伝している商品がつい良いものに見えたりすることを、心理学では後光効果（ハロー効果）といいますが、後光にまどわされず、自分も肩書きや地位という後光を利用せず、名より「実」をきちんと見ることを心がけましょう。

信じるものへの誓いをまっとうする

虚空《こくう》尽《つ》き、衆生《しゅじょう》尽《つ》き、涅槃《ねはん》尽《つ》きなば、わが願いも尽《つ》きん。

『性霊集《しょうりょうしゅう》』

すべての人を救うという空海の誓い

「虚空がなくなり、苦しむ人々もなくなり、悟りの世界も尽きたならば、私の願いも尽きるだろう」――。

これは「すべての衆生が苦しみから救われ、悟りさえ必要なくなるまで、自分の願いが尽きることはない」という決意表明で、空海が高野山で「萬燈会《まんどうえ》」という法《ほう》会《え》を行ったときの願文《がんもん》（誓願書）にあります。

空海の人間観は、次の三つが土台になっていました。「人間の心は本来清らかなものである。すべての人間は仏性《ぶっしょう》（仏になる資質）を持っている。人の心の中には如来の素質（悟りを開く素質）がある」。だからこの決意表明もけっして大げさなものではなく、自ら開いた真言密教により、人の本性を目覚めさせ、菩提心《ぼだいしん》（仏に近づこうと努力する心）を導くことですべての人々を救うことができる――即身《そくしん》成仏《じょうぶつ》を可能にする――と空海は信じていたはずです。

驚くのは空海が五十九歳にして力強くこれを宣言していること。その熱い意志は千二百年後のいまも受け継がれているのです。

本当の知恵者

愚かに見えるくらいがちょうどいい

大智《だいち》は愚《ぐ》なるが若《ごと》し。

『真言付法伝《しんごんふほうでん》』

心を自由にしてこそ柔軟な対応ができる

「本当に知恵のある人は、一見愚か者のようである」と空海は言っています。

知識をひけらかすことなく、よけいなことを口にせず、目の前のことさえ忘れているかのように虚心《きょしん》でいるからです。

反対に、自信満々で雄弁な人、すぐ知識をひけらかす人、わけ知り顔で人の言動にすぐ口をはさむ人……これらの人たちは賢いわけでもなんでもなく、たいていは自分の存在を周りに主張したいだけ。自分を認めさせたくていろいろ騒ぐのです。

空海がよく引用する『老子』には、「大巧《だいこう》は拙《せつ》なるが如し、大弁《だいべん》は訥《とつ》なるが如し」ということばもあります。「真にすぐれたものは稚拙《ちせつ》に見える、真の雄弁は訥々《とつとつ》と話すものだ」という意味で、見た目も切れ者で弁舌《べんぜつ》爽やかな人間というのは案外底が浅く、いざ何か起きたときは役に立たないというのです。

本当に知恵のある者は、その知恵を表に出しません。目の前の些細なことにとらわれず、悠々と、いっそ馬鹿のように心を自由にしておくことができる人こそ、何事が起きても縦横《じゅうおう》に自在な判断ができるのです。

時をとらえる

時代の流れを正しくつかむ

道の興廃《こうはい》は人の時と時に非ざるとなり。
『性霊集《しょうりょうしゅう》』

正しい「時」の判断は自然界に学ぶ

「道が興《おこ》ったり廃《すた》れたりするのは、時代の流れに応じて、人が正しい判断で行動したかどうかによる」――。この「道」は、仏道とも人の道とも、道義とももとらえることができます。時代時代に人が正しい判断に基づいて行動すれば道は隆盛《りゅうせい》し、誤った判断で行動すれば道は荒廃していくということです。

三百万人以上の死者を出した太平洋戦争や、バブル経済の狂乱と破綻《はたん》、最近の金融危機と大不況も、人々がどこかで判断を誤ったために道が廃れ、その結果生じてしまったこと。人間の歴史はそうした失敗を重ねながら作られてきました。

しかし植物や鳥はどうでしょう。季節がくれば、草花はだれの指示を受けたわけでもなく芽を吹き、花を咲かせ、また種を作ります。渡り鳥は、時をまちがえずに毎年同じ場所にやってきます。自然界には過酷な生存競争があるものの、時に逆らうことなく、ただありのままに時に身をゆだねることで未来を保証されています。

空海が、時代をつかめ、時の流れを正しく見ろと言うのは、この天地自然の理《ことわり》に学べということ。無理を通せば、必ず道は廃れていくのです。

不殺生の戒

命を支える恩を忘れない

一切衆生《いっさいしゅじょう》を観《み》るになおし己身《こしん》および四恩《しおん》のごとし。
この故《ゆえ》に敢《あ》えてその身命《しんめい》を殺害せず。

『三昧耶戒序《まんまやかいじょ》』

四つの恩によって私たちは生かされている

「生きとし生けるものを見るとき、そこに自分の姿と四恩を見なさい。それゆえに殺生をしてはならないのだ」——これは、生きものを殺すなという「不殺生《ふせっしょう》」の戒にふれて空海が言っていることばです。しかし、もし空海がいまの日本の現実を知ったら、他者だけでなく自分の命も殺《あや》めてはいけないという意味で同じことばをかけるのではないかと思うのです。日本の自殺者数は一九七七年以降、ずっと二万人前後という現実があります。

「四恩《しおん》」とは父母の恩、衆生の恩、国王・国家の恩、三宝《さんぼう》の恩のこと。三宝とは仏・法・僧（仏と、その教えと、教えを受け継ぐ僧侶）をさします。

「四恩のごとく生きものを見て、身命を殺害せず」とは、自分を生んで育ててくれた父母、食物として私たちを生かしてくれている他の命、生活を守ってくれる社会、そして仏の慈悲、これらの恩によって自分が生かされていることを思い、命を奪うな、命を大切にしろということです。それは他者の命だけでなく、自分の命に対しても同じはずです。

よい結果をもたらすのは心の安定と考える力

男女の因縁《いんねん》ゆえに諸《しょ》の子孫《しそん》を生成《しょうせい》するがごとく、定慧和合《じょうえわごう》してよく仏果《ぶっか》を生成することもまたかくのごとし。

『金剛頂経開題《こんごうちょうきょうかいだい》』

悟りへの六波羅蜜も心の安定がカギ

「男女が結婚すれば子が生まれるように、禅定《ぜんじょう》（心の安定）と真智《しんち》（真の智慧《ちえ》）が一つになれば大きな実りを生む」――。心がざわざわ波立っていれば智慧も働かず、心が落ち着いていても、智慧が欠けていれば悟りへは達せないということです。

一般に仏教では、悟りを得るために必要とされる六つの行を「六波羅蜜《ろくはらみつ》」といい、「布施《ふせ》・持戒《じかい》・忍辱《にんにく》・精進《しょうじん》・禅定・智慧」の六つをさします。

「布施」とは、見返りを求めない奉仕・施しのこと。
「持戒」とは、悪い行いから自分を遠ざけ、戒を守ること。
「忍辱」とは、屈辱や苦しみを耐え忍ぶこと。
「精進」とは、心をくじけさせず自分を励まし努力すること。
「禅定」とは、心が一つのところに安定し、静かに集中すること。
「智慧」とは、他の五つを包括して、真理にしたがい考える力のこと。

布施～精進を実践し、禅定と智慧の幸せな結婚ができればめでたく悟りが開けるということ。大きなことを為すにはやはり〝心の安定と考える力〟がカギなのです。

自然の中で無垢《むく》な魂にもどる

澗水《かんすい》一杯朝《あした》に命を支え、山霞《さんか》一咽《いちえん》夕《ゆうべ》に神《しん》を谷《やしな》う。

『性霊集《しょうりょうしゅう》』

自然の息吹《いぶき》から生きる喜びをもらう

家もなく国もなく、郷里の縁者のもとを離れ、子でもなく家臣でもなく、ただひとり質素に暮らす。そして「朝に谷川の水で命をつなぎ、夕には山のかすみを胸いっぱい吸い込んで英気を養うだけでよい」――。

良相公《りょうしょうこう》（良岑安世《よしみねのやすよ》、161ページにも登場）からの、「山中に何の楽しみか有る」という問いに答えて書かれた詩の一節です。山中とは高野山のこと。空海は終世を修行ととらえて自己を律していましたが、山の静寂に身を置き、自然の息づかいを身近に感じることが何より好きだったのでしょう。

その心境は、唐代の詩人李白《りはく》の「山中にて俗人《ぞくじん》に答《こた》う」という詩に通じるものがあります。大意は「なぜそんな山奥に住んでいるのかと世間の人は問う。私は笑って答えないが、心はのんびりと山の環境を楽しんでいる。桃の花がゆっくりと川面を流れていく、こんな風情は俗世間では味わうこともできないではないか――」。

空海も詩の中で、山鳥のさえずりや明け方の月の美しさなどをじつに嬉しそうに書いています。私たちは空海のこうした無垢な生き方にも学ぶべきなのです。

ただ一心に何かに集中してみる

真言《しんごん》は不思議《ふしぎ》なり、観誦《かんじゅ》すれば無明《むみょう》を除《のぞ》く。

『般若心経《はんにゃしんぎょう》秘鍵《ひけん》』

人智を超えた力を無理にわかろうとしない

「真言は不思議な力を有し、一心に観じて唱えれば苦悩の闇を除く」——。

これは空海が「般若心経」を詳細に解読した『般若心経秘鍵』の一節です。

ここでいう真言とは、「般若心経」の最後の「ギャーテイ　ギャーテイ　ハーラーギャーテイ　ハラソウギャーテイ　ボージーソワカ」という一節をさしています。ひたすらこれを唱えれば心の闇が除かれ、悟りの扉が開くという「般若心経」の核心部分となる呪文です。古来より神秘の力が宿る秘密のことば、聖なる語句として、その意味を説くことは禁じられていたそうです。

空海は一句ごとに説明を試みたうえで「真言は一字に数限りない真理を含む」とし、「真の意味はどんなに長い時間をかけても説明し尽くすことは困難」と言っています。真言は口で唱え、声の響きとなることで神秘の力を発揮します。だから「真言は不思議なり」。〝*思議《しぎ》〟を超えた、空海にさえ説明不可能なものなのです。

無理にわかろうとするより、「わからないことをわからないとしておく勇気」も大事です。世の中のすべてを理解し尽くす必要はないのです。

＊考えはかること。考えたり論じること。

本当の自分の家は心の中にある

行行《ぎょうぎょう》として円寂《えんじゃく》に至《いた》り、去去《ここ》として原初《げんしょ》に入《い》る。
三界《さんがい》は客舎《かくしゃ》の如《ごと》し、一心《いっしん》は是《こ》れ本居《ほんこ》なり。
『般若心経秘鍵《はんにゃしんぎょうひけん》』

仮の住まいから本宅へ帰ろう

前項の「真言は不思議なり、観誦すれば無明を除く」に続くことばです。「ともに行こう涅槃の境地へ、あらゆる煩悩を去って出発点に帰ろう。この世界は仮の宿のようなもの、悟りを求める自分の心こそ本来の住まいなのだから」――。三界《さんがい》（欲界《よくかい》・色界《しきかい》・無色界《むしきかい》の三つの総称）は人間のいる俗世のこと。真言（前項229ページ参照）を唱えてともに悟りの世界へ行こう、仮の宿から〝本宅に帰ろう〟と言っており、どことなく原点回帰、生命讃歌の明るい響きが感じられます。

空海が四十五歳の頃、京の都で疫病が大流行し、嵯峨《さが》天皇は自ら民衆の病気平癒《へいゆ》を祈願しました。その際、空海は天皇に「般若心経」を講釈して、ともに祈願したといわれ、『般若心経秘鍵』はそのときの講釈の内容をまとめたものです。ちなみに、このとき空海が唱えた「般若心経」の効力はすさまじく、瀕死の病人も次々に快方に向かったと伝えられています。

真言の不思議な力を感じてみたくなったら、「一心は是れ本居なり」と念じて、「ギャーテイ、ギャーテイ……」と口で唱えてみてはいかがでしょう。

「悩む力」が推進力になる

経路《けいろ》未《いま》だ知らず。岐《ちまた》に臨《のぞ》んで幾度《いくたび》か泣く。
『性霊集《しょうりょうしゅう》』

自分で悩んで未来の道を切り開け

「どれが正しい道なのかわからず、分かれ道を前にしては何度も泣いた」――。

空海の若き日の姿です。率直な表現にぐっと空海が身近に感じられてきます。

十八歳で大学に入ってからの様子を、空海は『三教指帰《さんごうしいき》』でこう述べています。

「貧しいため雪明かりや蛍の光で読書をしたり、眠気を覚ますため自分を縛ったり錐《きり》で突いたという、古来最も苦労して学問をした人々を私は知っています。しかし、そうした人々でさえなお怠っていると思うほど私は努力し、学びました」。

空海はそのようにして学んだからこそ、本気で悩む力をつけ、最後は自分で決断する能力を身につけたのです。儒教、道教、仏教からどれを選ぶかで悩み、親の期待を裏切って出家を決めるまでも激しく悩み、宗派や修行の方法で悩み、密教の存在を知ったあとも、命をかけて唐でそれを学ぶ価値があるのか悩んだはずです。

他人が敷いたレールに乗るのは楽です。しかし、自分でとことん悩み抜くことで本当に行くべき道が見えてきます。人に頼るより自分の「悩む力」で未来の道を切り開けば、後悔することなく最後まで挑戦することができるはずです。

人の悪口をけっして口にしない

如何《いかん》が己身《こしん》の膏肓《こうこう》を療《りょう》せずして、
たやすく他人の腫脚《はれあし》を発露《あらわ》すや。
『三教指帰《さんごうしいき》』

人の短所を言わず、自分の長所も自慢しない

「なぜ自分の病気の治療もせずに、他人の脚の腫れ物のことをとやかく言うのか」――。他人の欠点をあれこれ言う前に自分の欠点を直せということで、「自分のほうが相当重症なのに、おでき程度の他人の欠点をとやかく言うのは愚かではないか」という皮肉もやや入っています。

膏肓《こうこう》とは、心臓の下にある膏と肓の間に病気が入り込むと治療しにくく容易に治らないことから、重い病気を意味することばとして使われます。ギャンブルなどに熱中して抜け出せなくなることを「病、膏肓に入《い》る」と言うのも、簡単には治らないことのたとえなのです。

空海は、弟子たちにも人の悪口や陰口を言わぬようつよく戒めていたようです。とはいえ、万能型の才能を持っていた空海は、見ようと思えばいくらでも他人の欠点が見えたでしょう。しかしそこは空海、「道《い》うことなかれ人の短、説くことなかれ己《おのれ》の長」（人の短所をあげつらうな、自分の長所を自慢するな）という中国のことばを自らの座右《ざゆう》の銘《めい》にして、とても大事にしていたということです。

成功やゴールが幸せではない

挙體空空《きょたいくうくう》にして所有《しょう》なし、
狂兒迷渇《きょうじめいかつ》して遂《つい》に帰ることを忘る。
『性霊集《しょうりょうしゅう》』

目標までの過程とその後を楽しむ

「陽炎《かげろう》はさかんに立つけれど、その実体はない。なのに仏の教えを知らぬ者は、飢えてさまよい、ついに帰ってくることができない」――。

空海は「蜃気楼《しんきろう》」や、「大日経《だいにちきょう》」に出てくる盲目の人が見るという幻の花「虚空花《こくうげ》」、火縄や花火を回すとできる残像をさす「旋火輪《せんかりん》」などの例を出し、実体のないものや幻想でしかないものにとらわれるな、ということを何度も説いています。ありもしないものをいつまでも追っていると、ついに迷いの世界から帰ってくることができなくなると言うのです。

ひょっとすると、あなたが目指している「幸せ」も蜃気楼のようなものかもしれません。たとえば結婚や、念願の自分のお店を持つことを「幸せ」と思って目標にしていると、いざ手に入れたとき、そこに幸せの実体はないことに気づくはずです。

結婚やお店のオーナーになるという「ゴール」や成功が幸せなのではなく、じつはそれに向かうプロセスや、そのあとをどう生きて楽しむかが幸せの実体なのです。

蜃気楼ばかり追い続けて、本当の幸福を見失わないよう気をつけてください。

体で知ること

知っていることと動くことは違う

道を聞いて動かずんば、千里《せんり》いずくんか見ん。

『性霊集《しょうりょうしゅう》』

自分で動かなければ本質は見えてこない

「いくら立派な教えを聞いても、自分で体を動かさなかったら千里の道は少しも進めない」――。この「道」は仏道だとすれば、耳学問でいくら多くの経典から学んでも、自分で修行と実践をしなかったら悟りの道は近づかないということです。

ほかにも、ものごとの道理の道、学問の道、夢をかなえる道、記録への挑戦の道など、さまざまな「道」に当てはめて考えることができそうです。

いずれにしても、道のしくみや歩き方をいくら頭で理解しても、自分で動かないことには千里の道のりは縮まりません。

最近では、インターネットによって地球上のさまざまな場所を見て歩けるサービスが登場し、隣町から地球の裏側まで世界中を自分で歩くような仮想体験が可能になりました。パソコン画面上の体験としては非常におもしろいものですが、そこで味わうことのできる旅行気分は、実際に旅して得られるものとは大きく違います。

道を知っていることと、実際に歩くことは違います。自分で歩かないことには、道の楽しさも辛さも、道のなんたるかもわからないのです。

人と時がそろえば道は自然とひらく

時至り人叶《ひとかな》いて、道《みち》、無窮《むきゅう》に被《こうむ》らしむ。
人と時と矛盾《むじゅん》なれば、教《きょう》、地に墜《お》つ。
『性霊集《しょうりょうしゅう》』

人材と時代の流れが合致すれば道はひらける

「時と人がそろって好機が訪れれば、道は自然とひらけ、教えはきわまりなく広まるものです。人も時もうまくととのわなければ、教えは地に墜ちます」――。

これは空海が唐への留学中、越州《えっしゅう》の節度使《せつどし》（地方の軍政司令官）に内外の経典を求めた書状にあります。「いい人材がいて、時代の流れもうまく合うときは人の道も果てしなく広がる」と、空海は巧みな文章力を駆使して節度使を納得させ、このときも多数の経典を手に入れたようです。遣唐使の船が唐に着いたとき、長安に上る許可がなかなか下りませんでしたが、空海に声がかかって嘆願書を書いて提出すると、役人の態度がころっと変わり、すぐに許可が下りたといわれています。空海の漢籍（中国古典）の教養と文章力、語学力は唐で大いに武器となり、広い交友関係を結ぶのにも大いに役立ったのです。さて『論語《ろんご》』にも「人能《よ》く道《みち》を弘《ひろ》む。道、人を弘むるに非ず」ということばがあります。道を弘めるのは人である、道が人を弘めるのではない、という意味ですが、空海は、のちの弘法大師《こうぼうだいし》の名の通り（弘法＝仏の教えを広めること）、まさに「人が道を弘める」代表的存在だったのです。

自分のための行い

自分の魂が喜ぶことをしよう

影は形に随《したが》って直《なお》く、響《ひび》きは声に逐《したが》って応ず。

『秘密曼荼羅十住心論《ひみつまんだらじゅうじゅうしんろん》』

明日の充実と楽しさのために

「影はもとの形にそってそのまま現れ、こだまは声の大小そのままの響きで帰ってくる」――。本体が動けば影もいっしょに動き、山のこだまはヤッホーの声のままに反響し、お寺の鐘を大きくつけば、ゴーンと長く響きます。

空海は当たり前のことを言いつつ、世の中の現象は行為がそのまま表れるように、人の行いはすべて因果をもたらし、けっして裏切りもしなければごまかすこともできないことを諭《さと》しています。

よい行いを積めばいつかよい結果となって帰り（善因善果《ぜんいんぜんか》）、よからぬ行いばかりしていれば、必ず悪い結果をもたらします（悪因悪果《あくいんあっか》）。これは仏教の考え方にとどまらず、自分の魂にとってよいか悪いかという生き方にもかかわってきます。

よい行いって何？　と思うなら、自分の魂が安らぐことをすればいいのです。だれにも感謝されず、だれも認めてくれなくても、自分がほっと安心できて笑顔が浮かぶようなことをすればいい。もしいま、毎日が楽しく充実しているなら、そうした過去のよいことのおかげで、魂も体も喜んでいるということなのです。

まず根本を知る

根っこは大丈夫か、登る前によくチェック

枝を攀《よ》ずる者は悉《ことごと》く柢《ね》を極《きわ》むるに驕《おご》る。

『性霊集《しょうりょうしゅう》』

枝よりも根っこの判断を誤らないことが大事

最近は木登りをして遊ぶ子どもの姿もほとんど見なくなりました。

木登りの経験のある人はわかると思いますが、太い幹をよじ登っていくときは、手がかり・足がかりさえあれば怖さもなく、だいたい平気なもの。でも幹から伸びた枝に体を移すときはぐっと慎重になります。枝の付け根の強度がどのくらいあるか、確かめながら移動するからです。

空海は、「枝をよじ登る者は、樹の根元の強さを過信している」と言っています。枝の強度には慎重なのに、樹の〝根っこの強さ〟については疑うことを忘れ、慢心していると言うのです。

これは、いくら教えを信じて先へ先へと修行を積んでも、その〝根本の教え〟がまちがっていてはなんにもならないということ。道理を外れた思想や、教義の曖昧な宗教にすがり、誤った修行で時間を無駄にするなと空海は警告しているのです。

根本の誤りに気づかずにいると、どれだけ高く枝を登ってもいつかその樹は根元から倒れてしまいます。大事なのはまず根っこの判断を誤らないことです。

小さなチャンスでも活かす喜びを見つける

過《とが》をなす者は暗く、福《ふく》をなす者は明《めい》なり。
明暗倶《めいあんとも》ならず、一は強く、一は弱し。
『性霊集《しょうりょうしゅう》』

小さなことにも全力を尽くせる人になる

「過ちを犯す人は暗い迷いのうちにあり、幸福を味わう人は明るい涅槃《ねはん》にいる。悟りと迷い、明と暗は共存せず、一方は強く、一方は弱い」——。

明と暗は共にならないとは、ふだんの「気の持ち方」で考えてみるとわかりやすくなるかもしれません。たとえば、仕事に対して「こうなったらいいな」と常に前向きな希望を持って取り組む「明《めい》」の人と、不満だらけで「こんなんじゃだめだ」と現状否定ばかりしている「暗《あん》」の人は、どんなに環境が変わっても明と暗のままで、両者の中身が入れ替わったり、合体したりはしません。

明の人は、どんな小さな仕事でもその中でチャンスを活かす喜びを見つけ、やがて大きなチャンスがきたときにも力を発揮するでしょう。暗の人は、小さな仕事には全力を注ぐ気もなく、「こんなところでは力が発揮できない」「いったいいつ自分にチャンスがくるのか」とイライラしながら、結局中途半端な仕事しかできません。

空海のいう「福をなす者」とは、明るい意志を持ち続け、小さなことにも全力を尽くす人のこと。幸福をつかむことができるのはそういう人です。

終始一貫

最後のツメを怠らない

始めを合《よ》くし、終わりを淑《よ》くするは、君子《くんし》の人なり。

『性霊集《しょうりょうしゅう》』

九割到達しても最後まで気を抜いてはいけない

「始めから終わりまで一貫してよい行いをするのが立派な人間である」——。凡人は、最初だけはいいところを見せたり、「終わりよければすべてよし」と最後だけ体《てい》よくまとめることが多いもの。しかし、君子は始まりも終わりも姿勢を変えず、行うことが一貫しているというのです。

名君と言われた唐の太宗《たいそう》は、国を治める心がまえを、人の病気を治療するときの心がまえと一緒だと言っています。

「病人というのは快方に向かっているときこそ用心することが大事だ。つい油断して医師の指示を守らなかったりすると、たちまち命取りになることがある。政治も同じで、天下が安定に向かっているときこそ慎重にならなければならない」。

病気も政治も、全快し安定するまでけっして気を抜くなということです。

これは人生でも同じです。「百里を行く者は九十を半ばとす」という諺《ことわざ》もあるように、大きな目標に向かうとき、九割達してやっと半分来たと心得るくらいでよいのです。そして、もういちど気を引き締め、最後のツメを怠らないことです。

KUKAIコラム-5
空海の超人伝説

空海だから生まれたさまざまな伝説

唐から海を越えて飛んだ法具

平安時代、宗教界に一大旋風を巻き起こした空海には、数々の伝説がありま す。そのほとんどは、近世の〝お大師《だいし》さま信仰〟によって誇張された超人伝説ですが、空海という人物の大きさを知るほどに〝まんざらあり得なくもない〟と思わせるところがあります。そんな伝説をいくつか紹介します。

その一、まず幼名真魚《まお》の時代。いずれ仏の道へ行くことを予感した真魚少年は、七歳のとき捨身岳《しゃしんがだけ》という山に登り、「自分は将来、仏の道へ入って多くの人を救いたい。この願いがかなうなら命を救ってください、かなわないなら命を捨て、この身を仏に捧げます」と祈って崖から谷底へ身を投げました。するとどこからか天女が現れて真魚の体を受け止め、かすり傷一つ負わずにすんだのです。真魚は三度身を投げ、三度とも天女が現れて救ったということです。

その二、唐留学から帰国する直前のこと。空海は明州《みんしゅう》の浜で、「日本で密教を伝えるのにふさわしい場所はどこか、示し給え」と、三鈷杵《さんこしょ》（密教の法具）を空に投げ上げると、日本に向かって飛んで行きました。帰国後しばらくして、空海は高野山の山中で木に引っかかった三鈷杵を発見します。この現物は「飛《ひ》行《ぎょう》三鈷杵」として高野山に保存され、重要文化財となっています。

金色に輝く大日如来《だいにちにょらい》に変身

その三、弘仁四年（八一三）のこと。天皇の御前にさまざまな宗派の高僧が集まり、空海の真言密教をどう理解したらいいか議論をしました。きびしい批判をする者もいましたが、空海は手に印を結んで坐ったまま真言を唱え続けました。すると空海の顔が金色に輝き出し、体からは幾筋もの金色の光が放たれ、空海の姿は大日如来の姿に変わったのです。

居合わせた人々はひれ伏し、高僧たちは手を合わせて拝みました。やがて空海の姿に戻ると、人々は密教の説く即身成仏《そくしんじょうぶつ》を身をもって理解し、天皇、貴族ら多くの人が空海に帰依《きえ》するようになりました。

その四、天長元年（八二四）のこと。この年京都周辺には雨がまったく降らず、天皇は東寺の空海と、西寺の守敏《しゅびん》という高僧に請雨《しょうう》修法《しゅうほう》（雨乞いの儀式）を依頼しました。守敏はほんの少し雨を降らせましたが、空海はまったく降らず、不思議に思って調べてみると、守敏が呪力によって雨を呼ぶ竜神をすべて封じ込めていました。空海は唯一呪力を逃れていた「善女竜王《ぜんにょりゅうおう》」という竜神を見つけ、真言を唱えて天竺の奥地から呼び寄せると、大粒の雨が降り出し、三日三晩降り続きました。以後、請雨は空海に依頼するのが定石となりました。

空海はいまも高野山で生きている

その五、嵯峨《さが》上皇《じょうこう》の葬儀。空海は八三五年に入定《にゅうじょう》（亡くなったことをさすが、真言宗では空海は禅定に入ったまま生き続けているとしている）しましたが、嵯峨上皇が八四二年に亡くなったとき、空海は天人をさしむけ、嵯峨野の木の上に置かれた上皇の棺を五色の雲に乗せ、高野山奥の院に運ばせました。空海は生前、上皇の葬儀は自分が行うことを約束しており、その約束を果たすため禅定から出て、上皇を丁重にとむらったということです。

空海　略年表

七七四年　四国讃岐の多度郡（現香川県善通寺市付近）の佐伯家三男として誕生。幼名真魚《まお》。

七九一年　18歳　都の大学に入り、儒教を中心に学ぶ。この頃ある修行僧から「求聞持法《ぐもんじほう》」を学び、大学を去って山野をめぐり修行を始める。七九四年、平安京に遷都。

七九七年　24歳　『聾瞽指帰』（のちに『三教指帰』に改名）を著す。この頃より僧名・空海を名乗る。

八〇四年　31歳　四月、東大寺戒壇院で受戒し正式な出家僧となる。七月、遣唐使の一員として肥前・田の浦を出港、三十四日間かけて唐・福州に着岸。十二月、長安に入り、天竺僧らと交流を深め梵語を学ぶ。

八〇五年　32歳　六月、密教の師・青龍寺の恵果和尚に対面。八月、伝法阿闍梨位の灌頂を受け、密教の正式後継者となる。

八〇六年　33歳　二十年の留学予定を二年で切り上げ唐より帰国。太宰府に滞在。

八〇七年　34歳　この頃密教に空海独自の思想を反映させて真言宗を確立。

八〇九年　36歳　高雄山寺に移る。嵯峨天皇即位。

八一二年　39歳　最澄が空海のもとで灌頂を受ける。

八一六年　43歳　朝廷より高野山を賜り開山。この頃『即身成仏義』『声字実相義』著す。

八二一年　48歳　讃岐の満濃池の改修を指揮する。

八二二年　49歳　平城上皇に潅頂を授ける。この頃『文鏡秘府論』『三昧耶戒序』著す。

八二三年　50歳　東寺を賜り、真言密教の道場とする。この頃『般若心経秘鍵』著す。

八二八年　55歳　京に私立の教育施設「綜藝種智院」を開設。

八三〇年　57歳　『秘密曼荼羅十住心論』、および『秘蔵法鑰』を著す。

八三二年　59歳　高野山において最初の万燈万華会を修す。

八三五年　62歳　高野山にて入滅（真言宗では入定とする）。

九二一年　醍醐天皇から「弘法大師」の諡号《しごう》が贈られる。

用語解説

密教《みっきょう》……大日如来を本尊とする深遠秘密の教え。七世紀末頃インドで起こり、唐代の中国に伝わった。日本には空海の真言宗系（東密）、最澄の天台宗系（台密）がある。

真言宗《しんごんしゅう》……空海が唐より帰国後開いた仏教の一宗派。大日如来を教主とし、三密（身・口・意）の加持力で即身成仏させ、すべての人々を導き救うことを本旨とする。真言陀羅尼宗、真言密教ともいう。

大日如来《だいにちにょらい》……宇宙全体の根本仏、絶対的真理とされる究極の仏。真言密教の教主。

真言《しんごん》……梵語のマントラの訳で、仏や菩薩の秘密の教えや功徳などを秘めた呪文的な語句。呪も同義。

即身成仏《そくしんじょうぶつ》……現世においてその肉身のまま悟りを得て仏になること。密教独特の思想。

煩悩《ぼんのう》……衆生の身心に苦悩をもたらす精神作用の総称。とくに貪《とん》（欲望・執着）・瞋《じん》（怒り・憎悪）・痴《ち》（無知）は根元的な煩悩として三毒という。

衆生《しゅじょう》……命あるもの、心を持つものの意。輪廻に迷う生きとし生けるものすべてをさす。

因果応報《いんがおうほう》……過去の行為の結果として現在の幸不幸があり、現在の行為の結果として未来での幸不幸が生じること。

輪廻転生《りんねてんしょう》……生あるものが死後も迷いの世界で生死をくり返すこと。生死流転、転生も同義。

三界《さんがい》……生あるものが生死をくり返す世界。欲界・色界・無色界の三つの世界。仏以外の全世界。

仏性《ぶっしょう》……生あるものが生まれながらに持っている、仏となることのできる性質。また仏の本性。

慈悲《じひ》……仏や菩薩の持つ深い慈しみと憐れみの心。

無明《むみょう》……根源的な無知のことで、欲望や執着などあらゆる煩悩を生みだす根本の状態をさす。

解脱《げだつ》……一切の煩悩から解き放たれること。

涅槃《ねはん》……あらゆる煩悩が消滅し、一切の苦しみや束縛から脱した安らぎの境地。仏の悟りを得た境地。

●参考文献

『弘法大師著作全集 全3巻』勝又俊教編（山喜房仏書林）
『傍訳 秘蔵宝鑰 上・下』宮坂宥勝編著（四季社）
『傍訳 吽字義　般若心経秘鍵』宮坂宥勝編著（四季社）
『日本古典文学大系　三教指帰 性霊集』（岩波書店）
『空海コレクション1・2』宮坂宥勝監修（ちくま学芸文庫）
『空海入門』加藤精一著（大蔵出版）
『弘法大師伝』加藤精一著（真言宗豊山派）
『弘法大師空海のことば』大栗道榮著（すずき出版）
『空海の詩』阿部龍樹著（春秋社）
『空海と「般若心経」のこころ』池口恵観著（講談社）
『平安のマルチ文化人 空海』頼富本宏著（NHKライブラリー）
『図解雑学 空海』頼富本宏監修（ナツメ社）
『空海の風景 上・下』司馬遼太郎著（中央公論新社）
『中国古典一日一語』守屋洋著（PHP文庫）
『老子』金谷治著（講談社学術文庫）
日めくり「ともしつごうこころのあかり」（真言宗豊山派）
『弘法のことば』真言友の会編（文政堂）
朝日新聞　ほか

監修者紹介
名取芳彦（なとり・ほうげん）
1958年東京都江戸川区生まれ。同区密蔵院住職。真言宗豊山派布教研究所所長。豊山流ご詠歌詠匠。密蔵院でのご詠歌、写仏の会、法話会の他、講演やブログなど幅広い活動を行う。著書に『心がほっと楽になる般若心経』『和尚さんの一分で心を整えることば』（永岡書店）、『気にしない練習』（三笠書房）など多数。
https://www.mitsuzoin.com

著者紹介
宮下 真（みやした・まこと）
1957年福島県生まれ。文筆家・編集者。仏教や東洋思想、日本の伝統文化を主な分野として執筆・出版活動に従事。子供向けに仏教や古典をやさしく解釈した絵本や、猫の本、仏教関連をテーマにした書籍の構成・編集も多い。主な著書に『ブッダがせんせい　心を育てるこども仏教塾』『おしえてブッダせんせい　こころのふしぎ』『なかよくなることば』『ふっと心がかるくなる　禅の言葉』『空海　黄金の言葉』『親鸞　救いの言葉』（以上永岡書店）、『猫ブッダは悩まニャイ』（ワニブックス）、『会いに行きたくなる！ 日本の仏像図鑑』（新星出版社）などがある。

※本書は、小社刊『空海　黄金の言葉』（2009年発行）の一部を加筆し、再編集したものです。

●本文デザイン／橋本秀則（シンプル）
●DTP製作／センターメディア

空海　魂を揺さぶる110のことば

2023年5月10日　第1刷発行

監修者 ―― 名取芳彦
著　者 ―― 宮下 真
発行者 ―― 永岡純一
発行所 ―― 株式会社永岡書店
〒176-8518　東京都練馬区豊玉上1-7-14
代表☎03（3992）5155　編集☎03（3992）7191
印　刷 ―― 誠宏印刷
製　本 ―― コモンズデザイン・ネットワーク

ISBN978-4-522-45414-5　C0176